Anselm Grün | Leonardo Boff

Neu denken – Eins werden

Anselm Grün | Leonardo Boff

Neu denken – Eins werden

Gott erfahren
im Menschen
und in der Welt

Vier-Türme-Verlag

Bibliografische Information der Deutschen Nationalbibliothek

Die Deutsche Nationalbibliothek verzeichnet diese Publikation in der Deutschen Nationalbibliografie. Detaillierte bibliografische Daten sind im Internet über http://dnb.d-nb.de abrufbar.

1. Auflage 2017

Lektorat: Marlene Fritsch
Übersetzung der Texte von Leonardo Boff aus dem brasilianischen Portugiesisch: Sarah Pasquay
Umschlaggestaltung: derUHLIG
Umschlagmotiv: goodgold99/shutterstock.com
Innengestaltung: wunderlichundweigand
Druck und Bindung: CPI Books GmbH, Leck
ISBN 978-3-7365-0073-0

www.vier-tuerme-verlag.de

Inhalt

Teil 2: Das Göttliche in uns und im Universum

Leonardo Boff

Vorwort

Ich habe mich sehr gefreut, als wir von unserem brasilianischen Partnerverlag »Editora Vozes« die Anfrage bekamen, ob wir uns ein gemeinsames Buch vorstellen könnten, das im jeweiligen Verlag mehr oder weniger gleichzeitig erscheinen wird. Schreiben sollten es die beiden bekanntesten spirituellen Autoren unserer beiden Länder: Pater Anselm Grün und Leonardo Boff. Das fand ich ein spannendes Unterfangen, zumal sie sich über das Thema, auf das wir uns schließlich mit ihnen einigten, nur schwer würden austauschen können. Dafür ist die Entfernung zwischen Brasilien und Deutschland doch zu groß und sind die Terminkalender der beiden Autoren zu voll.

Und dennoch hat man beim Lesen häufig den Eindruck, dass sie in einem Dialog stehen und sich dem Thema – Wo und wie ist Gott zu finden und zu erfahren? – aus unterschiedlichen Perspektiven und mit unterschiedlichen Schwerpunkten nähern, um dann erstaunlicherweise zu ganz ähnlichen Ergebnissen und Ansichten zu gelangen.

Der Schwerpunkt des Textes von Pater Anselm Grün liegt darin, Gott im Menschen zu entdecken: in mir selbst, aber auch im anderen, in meinem Nächsten. Leonardo Boff dagegen legt den Akzent stärker auf das Entdecken Gottes im Sein des Universums, beginnend beim Urknall und endend beim kleinsten Wesen, das auf unserer Erde lebt.

Trotz dieser unterschiedlichen Ausgangspunkte sind sich die beiden Autoren verblüffend einig, vor allem, was das Wesen Gottes angeht. Sie meinen: Gott ist keiner, der der Welt als der »ganz Andere« gegenübersteht, sondern er ist gerade in der Welt zu finden – im Menschen, aber auch in den Tieren und den Pflanzen. Und: Trotzdem ist Gott nicht mit der Welt identisch. Er bleibt das große, das »namenlose Geheimnis«, wie Leonardo Boff sagt, das sich der Vorstellung des Menschen und seinen Kategorien entzieht und deshalb nie ganz zu be-greifen, greifbar zu machen ist für den Menschen. Begegnen kann ich ihm aber überall dort, wo ich etwas mit Liebe tue oder betrachte oder wo Liebe spürbar wird. Denn darin sind sich die beiden auch einig: Das Wesen Gottes ist die Liebe, Gott ist Liebe. Und ebenso geheimnisvoll wie mächtig und unergründlich. Wo sie herrscht, können wir Gott mit allen Sinnen erfahren und mit ihm eins werden – als Mensch und als gesamter Kosmos.

Es ist ein großes Vergnügen, in diesem Buch die unterschiedlichen Wege mitzugehen, die die beiden Autoren in ihren Texten einschlagen, um zu diesen Einsichten zu gelangen.

Bruder Linus Eibicht, Vier-Türme-Verlag

Teil 1
Das Göttliche in uns

Gott, das unbegreifliche Geheimnis

Wenn ich in meinen bisherigen Veröffentlichungen davon gesprochen habe, dass Gott in uns wohnt, dann habe ich die Sprache der Mystik verwendet. Mein Blick war mehr auf den einzelnen Menschen gerichtet, in dem Gott wohnt. Natürlich habe ich den Menschen nie isoliert betrachtet, sondern immer auch als einen, der in Gemeinschaft mit anderen lebt und der – wie uns Benedikt in seiner Regel lehrt – achtsam mit der Schöpfung umgeht. Als ich jedoch den Text von Leonardo Boff über das Göttliche in uns und im Universum und einige seiner letzten Bücher gelesen habe, ist mir aufgegangen, dass ich den Menschen immer schon als einen Teil des Kosmos sehen muss. Und wenn ich von Gott im Menschen spreche, dann kann ich die Verbindung zum Kosmos nicht außer Acht lassen. Denn der Mensch trägt den 14 Milliarden Jahre alten Sternenstaub vom Beginn der Welt und unseres Kosmos in sich. Er hat sehr viel gemein mit der Materie, die ihn umgibt, und mit dem Leben, das in Pflanzen und Tieren deutlich wird. Auch sein Gehirn hat vieles gemeinsam mit dem der Tiere. Es beinhaltet – so sagt Leonardo Boff – das »Stammhirn, das vor etwa 220 Millionen Jahren entstand und in dem sich unser instinktives Handeln verorten lässt; dieses ist vom limbischen System umgeben, das vor 125 Millionen Jahren entstand und die leibliche Entsprechung der Emotionen, der Affektivität und eines Sinns für Fürsorge darstellt, und schließlich die erst drei Millionen Jahre alte Hirnrinde, welche uns mit der Fähigkeit der Begriffsbildung und des abstrakten Denkens ausstattet« (Boff 332). Wenn ich heute vom Göttlichen im Menschen spreche, dann denke ich immer auch an unsere tiefe innere Verbindung zum ganzen Kosmos. Der Gott in uns ist immer auch der, der uns eint mit dem ganzen Kosmos. Denn wir sind Teil davon. Der Gott, der im Menschen wohnt, wohnt auch in allem, was ist.

So hat mich die Auseinandersetzung mit den Ansichten Leonardo Boffs dazu gezwungen, meine Sicht zu erweitern. Wir sprechen in diesem Buch vom Göttlichen in uns und im Universum. Die Mystiker sprechen dagegen vom Gott in uns. Und sie meinen damit den persönlichen Gott, den Vater Jesu Christi und unseren Vater und unsere Mutter. Doch das ist für mich kein Gegensatz. Gott ist für mich immer beides: Er ist persönlich und überpersönlich. Das »Göttliche« drückt mehr den überpersönlichen Aspekt Gottes aus.

Von meiner Theologie her bin ich Karl Rahner verpflichtet. Er nennt Gott das absolute Geheimnis. Geheimnis ist ebenfalls eher ein überpersönlicher Ausdruck für Gott. Aber Karl Rahner ist überzeugt – und da schließe ich mich ihm an –, dass uns in diesem abgrundtiefen und unbeschreiblichen Geheimnis Gottes ein Du begegnet.

So sehe ich im Göttlichen immer auch den Gott, der mich anspricht, der mir als Du begegnet. Aber zugleich weiß ich, dass ich mir Gott als Person nicht zu konkret vorstellen darf. Ich darf ihn mir nicht denken wie ein menschliches Gegenüber.

Viele bekommen Probleme mit ihrem persönlichen Gottesbild, wenn sie mit Leid konfrontiert werden. Gott als Vater oder als Mutter kann doch nicht zulassen, dass ein kleines Kind stirbt! Das Leid zwingt uns, unser oft zu enges Bild Gottes als Person aufzubrechen und den anderen Aspekt Gottes anzuschauen: Gott als das abgrundtiefe Geheimnis, Gott als die Kraft, die alles durchdringt, Gott als die Liebe, die alles hervorbringt und alles miteinander verbindet. Beide Sichtweisen sind legitim. Und beide Sichtweisen öffnen uns das Fenster, durch das wir dann auf den Gott schauen, der jenseits all unserer Bilder und Vorstellungen ist, der jenseits des Gegensatzes von persönlich und überpersönlich uns als das abgrundtiefe Geheimnis von Liebe umgibt und zugleich auch gegenübersteht.

Wenn wir in diesem Buch vom Göttlichen sprechen, so leugnen wir nicht Gott als Person. Es ist vielmehr eine offene Sprache, die auch Menschen berühren soll, die nicht im christlichen Glauben daheim sind. Aber wir denken dabei immer auch an Gott als Person. Die griechischen Kirchenväter haben Gott nicht mit unserem Begriff »Person« beschrieben, sondern mit *Hypostase*. *Hypostase* bezeichnet die konkrete Existenz im Gegensatz zum allgemeinen Wesen. Wörtlich heißt es das »Darunterstehende«. Die Kirchenväter haben diesen Begriff entwickelt, als sie das Geheimnis des dreifaltigen Gottes verstehen wollten. Gott ist ein Gott, aber in drei unterschiedlichen Hypostasen, konkreten Existenzen. Gemeint ist mit dem Begriff *Hypostase*, dass uns das Göttliche immer konkret gegenübertritt. In der westlichen Tradition haben wir diesen Begriff daher als »Person« übersetzt. Gemeinsam mit der östlichen theologischen Tradition glauben wir, dass uns in Gott ein Du gegenübertritt und nicht nur ein allgemeines Wesen. So meinen wir mit dem Göttlichen immer auch Gott als Person, Gott als das Du, das uns anspricht, zu dem wir beten, zu dem wir eine Beziehung haben.

Wenn man statt Gott den Begriff des Göttlichen benutzt, kann das auch missbraucht werden. Wir sprechen manchmal vom Göttlichen als unserem Besitz. Das Göttliche gehört uns, es bereichert uns. Es steigert unsere psychischen Fähigkeiten. Wir meinen, wir seien schon ganz eins mit dem Göttlichen und bräuchten daher keine menschlichen Beziehungen mehr. Wir flüchten in die Grandiosität, um unserer menschlichen Bedürftigkeit auszuweichen. Wenn wir vom Göttlichen sprechen, müssen wir also immer daran denken, dass Gott unverfügbar bleibt, dass wir Gott nicht besitzen, sondern dass wir in Ehrfurcht diesem Gott oder dem Göttlichen begegnen. Ehrfurcht heißt: keinen Zugriff haben auf das Göttliche, sondern zurücktreten, es in seinem Geheimnis sein und uns davon betreffen lassen. Gott, so sagt Paul Tillich, ist »das, was uns unbedingt angeht«.

In diesem Buch beschränken wir uns darauf, vom Göttlichen zu sprechen, das in uns ist, im Bruder und in der Schwester und in der Natur, die uns umgibt. Aber in diesem Göttlichen schwingt immer auch das Du Gottes mit, das uns gegenübersteht. Wir können das Göttliche nicht vereinnahmen. Es ist in uns. Aber es ist wie Gott unverfügbar. Wir können nicht darüber verfügen. Wir können es nur als Geschenk dankbar annehmen. Es ist mit den Worten von Karl Rahner das unbegreifliche Geheimnis, das uns immer und überall umgibt und auf das hin wir ständig bezogen sind. Wir können vom Menschen nicht sprechen, ohne von diesem Geheimnis zu reden, das in uns ist und auf das hin wir unterwegs sind. Und wir können vom Göttlichen in uns nicht sprechen, ohne an das Göttliche zu denken, das den ganzen Kosmos durchdringt.

Gott ist die geheimnisvolle Energie, die den Urknall ausgelöst hat und das Werden des Kosmos, das Entstehen des Lebens, die Evolution und die Geschichte antreibt und die alles miteinander verbindet. Gott ist die einende Kraft, ohne die der Kosmos auseinanderfallen würde.

Ich schreibe nur vom Gott im Menschen. Aber die Gedanken, die dann Leonardo Boff entfaltet, sind immer schon mitzudenken. Beide Aspekte gehören zusammen. Und beide Aspekte beschreiben das Geheimnis des Menschen, der ein Teil des Kosmos ist, oder, wie Leonardo Boff sagt, in dem der Kosmos angefangen hat zu denken und zu staunen und sich selbst zu verstehen.

Die Sehnsucht, Gott als Person zu begegnen

In Gesprächen höre ich oft, dass sich Christen darüber beklagen, sie hätten die Beziehung zu Gott verloren. Früher hätten sie zu Gott wie zu einem Freund beten können, alles mit ihm besprochen. Da hätten sie seine Liebe gespürt. Und sie seien so vertraut mit Gott gewesen. Jetzt aber spürten sie ihn nicht mehr.

Dieser Gott scheint nun so fern von ihnen zu sein. Sie möchten die alte vertraute Beziehung wiederherstellen. Aber ich kann ihnen kein Rezept anbieten, wie sie das wieder spüren können. Meine erste Frage an Menschen, die mit solchen Problemen zu mir kommen, ist immer: Spürst du dich denn selbst? Wir können Gott nicht spüren, wenn wir uns nicht selbst spüren. Wir können zu Gott keine Beziehung aufbauen, wenn wir zu uns selbst keine Beziehung haben. Viele verneinen dann meine Vermutung, dass sie sich selbst nicht spüren oder nicht in Beziehung zu sich sind. Aber wenn ich dann länger mit ihnen spreche, erkennen sie auf einmal doch, dass sie sich auch von sich selbst entfremdet haben, dass sie sich selbst fremd geworden sind.

Diese Entfremdung bezieht sich auch auf ihre Umwelt. Sich selbst zu spüren heißt immer auch, sich als leibliches Wesen zu fühlen. Und im Leib spüre ich eben auch meine Umwelt. Der Mensch ist von der Erde genommen. Ich spüre mich als Mensch nur, wenn ich auch das Erdhafte in mir spüre. Das lateinische Wort für Mensch, *homo,* hat seine sprachliche Wurzel in *humus* = Erdboden. Das spiegelt sich auch im hebräischen Wort für Mensch, *adam,* das von *adama*, Erde, stammt. Er ist von der Erde genommen. Daher übersetzt Leonardo Boff den Namen des ersten Menschen in der Bibel, Adam, mit »Erdling«. Gott kann nur der spüren, der auch die Natur spürt, oder, wie die Buddhisten sagen, der ein Mitgefühl hat mit allem, was ist: mit den Steinen, den Pflanzen, den Tieren und den Menschen. Wer ohne Beziehung zu sich und zur Natur ist, verliert auch die Beziehung zu Gott. Dann spürt er Gott nicht, dann wird Gott ihm fremd.

Der erste Weg, Gott wieder zu spüren, geht daher über das Spüren meiner selbst. Ich versuche, meinen Atem zu spüren, mich vom Atem in den Grund der Seele führen zu lassen. Ich höre auf die inneren Impulse meiner Seele, die mich über mich und das Alltägliche hinausführen. Schon die frühen Kirchenväter haben uns gelehrt, dass wir Gott nicht erfahren können, wenn wir nicht zugleich bereit sind, uns selbst ehrlich zu begegnen und uns so zu spüren, wie wir sind. Cyprian von Karthago meint: »Wie kannst du von

Gott verlangen, dass er dich hört, wenn du dich selbst nicht hörst? Du willst, dass Gott an dich denkt, und du selbst denkst nicht an dich« (*Quomodo te audiri a Deo postulas, cum te ipsum non audias? Vis esse Deum memorem tui, quando tu ipse memor tui non sis*). Du selbst bist nicht bei dir, wie kannst du da wollen, dass Gott bei dir ist? Wenn ich nicht bei mir zu Hause bin, kann Gott mich auch nicht antreffen, wenn er zu mir kommen möchte. Auf sich zu hören heißt einmal, auf sein wahres Wesen zu hören, mit sich in Berührung zu kommen, es heißt aber auch, auf seine Gefühle und Bedürfnisse zu hören, auf das, was sich in einem regt. Auf sich selbst zu hören, mit sich und seinen tiefsten Bedürfnissen in Berührung zu kommen, das ist für Cyprian die Bedingung, dass wir im Gebet mit Gott in Berührung kommen.

Ähnlich wie Cyprian von Karthago formuliert es auch Evagrius Ponticus: »Willst du Gott erkennen, so lerne dich vorher selbst kennen.« Es gibt keine Gotteserkenntnis ohne Selbsterkenntnis und keine Begegnung mit Gott, ohne dass ich mir selbst begegne. Mir selbst begegne ich, indem ich auf meine Gefühle und Gedanken achte. Eine Möglichkeit zur Selbstbegegnung ist auch die Beantwortung der Frage: Wer bin ich? Wenn ich diese Frage immer wieder stelle und mich mit den ersten Antworten nicht zufrieden gebe, dann entsteht in mir eine Ahnung, dass die Frage nach dem wahren

Selbst mich letztlich zu Gott führt, zu dem, der mich geschaffen hat, zu dem, der sich von mir ein Bild gemacht hat, das einzig für mich gilt.

Eine andere Schwierigkeit, Gott persönlich zu begegnen, ist bedingt durch den Vorwurf, den sowohl der deutsche Philosoph Ludwig Feuerbach als auch die Psychoanalyse Sigmund Freuds gläubigen Menschen machen. Sie wollen uns beweisen, dass unsere Bilder von Gott als Vater oder Mutter nur infantile Projektionen sind. Nach ihrer Ansicht projizieren wir unsere Sehnsucht nach einem vollkommenen Vater oder einer immer liebevollen Mutter auf Gott. Wir bleiben letztlich hängen in unserem infantilen Stadium, in dem wir uns ganz und gar von Vater und Mutter abhängig fühlen.

In diesem Vorwurf steckt sicher ein Körnchen Wahrheit. Es gibt Menschen, die ihre infantilen Sehnsüchte auf Gott projizieren. Sie werden dann enttäuscht, wenn Gott sich nicht immer als der liebevolle Vater oder die verständnisvolle Mutter zeigt, sondern als ein unbegreiflicher Gott, den wir nicht verstehen und der oft genug abwesend zu sein scheint. Doch Gott ist mehr als die Projektion infantiler Wünsche. Gott ist der, der seit Urzeiten alle Philosophen und Denker beschäftigt hat, vor allem in der Frage: Worauf stoße ich, wenn ich immer weiter frage nach dem Grund allen Seins? Da stoße ich letztlich auf ein unbegreifliches Geheimnis, das mehr ist als Projektion menschlicher Bilder, das vielmehr mich selbst infrage stellt. Gott ist der, der mich ständig fragt: »Wer bist du?« Oder, wie er es gegenüber Adam formulierte: »Adam, wo bist du?« Gott fragt mich: Wo stehst du? Wie verstehst du dich?

Der Schweizer Psychologe C.G. Jung geht davon aus, dass es durchaus eine legitime Projektion unserer infantilen Sehnsüchte auf Gott gibt. Aber die Voraussetzung dafür ist, dass wir Gott nicht auf der gleichen Ebene sehen wie Vater und Mutter. Vielmehr muss die Libido, die Lebensenergie, durch Symbole auf eine geistige Ebene umgeleitet werden. Die symbolische Wahrheit, so meint Jung , »welche Wasser an die Stelle der Mutter, Geist oder Feuer an die Stelle des Vaters setzt, bietet der in der sogenannten Inzesttendenz gebundenen Libido ein neues Gefälle an, befreit sie und leitet sie über in eine geistige Form« (Jung, Symbole der Wandlung 288). Jung nennt die Symbole »Umformer, indem sie Libido aus einer niederen Form in eine höhere überleiten« (ebd. 296). Wenn der junge Mann infantil an die Mutter gebunden bleibt, dann scheut er vor dem Leben zurück. Ängste vor dem Leben suchen ihn heim. Er muss sich von der Mutter trennen. Trotzdem bleibt die Sehnsucht nach ihr. Nur wenn diese Sehnsucht auf ein Symbol umgeleitet wird, kann der Jugendliche zum Mann reifen.

Wenn wir also Gott nicht auf der gleichen Ebene sehen wie die Mutter oder den Vater, dann kann die Umleitung der Libido auf Gott uns guttun. Wir werden innerlich frei von der Bindung an die Eltern und können unseren eigenen Weg gehen. Doch wir leben nicht bindungslos. Wir binden uns an Gott. Das meint ja das Wort Religion. Es kommt vom lateinischen Wort *religare*, was »sich rückbinden« bedeutet. Wir leben nicht bindungslos, verantwortungslos, alleingelassen. Wir sind gebunden an Gott. Und wir stehen in Verantwortung vor Gott. Wir antworten mit unserer menschlichen Existenz auf den Ruf Gottes.

Verantwortung heißt aber heute immer auch: Verantwortung für den ganzen zu Kosmos übernehmen. So hat der jüdische Philosoph Hans Jonas Verantwortung verstanden: Wir sind nicht nur verantwortlich für die Folgen unseres Handelns. Wir müssen vorausschauend Verantwortung für diese Welt übernehmen. Wir sind verantwortlich dafür, ob sich das Klima immer weiter aufheizt und am Ende zum Geozid führt oder ob wir den Kosmos als einen angenehmen Ort für uns bewahren werden. Ähnlich hat es schon der griechische Philosoph Aristoteles gesehen. Für ihn besteht die Verantwortung des Staatsmannes darin, dafür zu sorgen, dass menschliches Leben auch in Zukunft möglich ist.

In der Begleitung erlebe ich immer wieder Menschen, die den Schritt der Umwandlung ihrer infantilen Wünsche nicht gegangen sind, sondern von Gott so sprechen, als ob er Vater und Mutter für sie sei. Es ist dann mehr eine Projektion ihrer kindlichen Bedürfnisse auf Gott und nicht eine Verwandlung der Lebensenergie in geistige Energie. Jesus selbst hat von Gott nicht so gesprochen, dass er uns nur Geborgenheit und Heimat schenkt. Gott ist für ihn auch der, der uns herausfordert, den eigenen Weg zu gehen. Zu dem Mann, den er auffordert, ihm zu folgen, der aber zuerst noch seinen Vater begraben möchte, sagt er die harten Worte: »Lass die Toten ihre Toten begraben; du aber geh und verkünde das Reich Gottes« (Lk 9,60). Von Gott können wir nur richtig sprechen, wenn wir die Toten ihre Toten begraben lassen, wenn also Vater und Mutter innerlich für uns gestorben sind, wenn wir frei geworden sind von der Bindung an sie. Erst dann können wir Gott auf neue Weise als Vater und Mutter erfahren.

Die Sehnsucht, Gott als Person zu erfahren, ihm persönlich zu begegnen, ist in uns. Das ist kein Zeichen von Infantilität, sondern entspricht unserem Wesen als Mensch. Das Gottesbild entspricht immer auch dem Selbstbild. Gott als Person zu erfahren, ist daher die Bedingung, sich selbst als Person zu erfahren. Wer nur vom Göttlichen spricht, läuft oft Gefahr, sein eigenes Personsein zu überspringen. Er fühlt sich nur eins mit allem, vergisst jedoch, dass er selbst eine einmalige Person ist. Und gerade als Person, die für sich steht, kann ich Beziehung zu anderen Menschen eingehen, kann ich mich mit der Natur eins fühlen, kann ich die Einheit mit Gott erfahren. Damit ist aber keine Verschmelzung mit Gott gemeint, sondern ein Einssein als die Einheit zweier Personen. Die alte dogmatische Formulierung des Konzils von Chalzedon beschreibt diese Einheit zwischen uns und Gott so: »ungetrennt und unvermischt«. Wir werden eins mit Gott und mit dem Göttlichen. Aber wir bleiben Mensch. Wir werden nicht vermischt mit dem Göttlichen.

Für mich ist der brennende Dornbusch, in dem Mose im Alten Testament Gott begegnet (Ex 2,23), ein schönes Bild für die Aussage des Konzils: Der Dornbusch ist ausgetrocknet, übersehen. Er wächst am Rand. Er ist unbedeutend. Doch in diesem Dornbusch erscheint Gott als Feuer. Der Dornbusch brennt, ohne zu verbrennen. Wir sind der Ort, an dem Gottes Herrlichkeit erscheint, an dem das Feuer Gottes brennt. Aber wir bleiben Menschen. Wir bleiben Materie, wir bleiben der müde Leib, der krank wird und alt. Aber dennoch brennt das göttliche Feuer in uns. Das ist die Verheißung der Bibel: Wir sind der Ort, an dem Gottes Herrlichkeit aufleuchtet für den ganzen Kosmos.

Gott in uns – Die Gottesgeburt im Menschen

Alle christlichen Mystiker sind der Überzeugung, dass Gott in uns wohnt. Dieses Wohnen wird mit verschiedenen Bildern beschrieben. Ihren Ursprung hat diese Vorstellung in den Worten Jesu aus dem Johannesevangelium: »Wenn jemand mich liebt, wird er an meinem Wort festhalten; mein Vater wird ihn lieben, und wir werden zu ihm kommen und bei ihm wohnen« (Joh 14,23). Jesus spricht also davon, dass der Vater und er selbst in uns wohnen. Er wird uns in seinem Tod nicht nur eine Wohnung bei Gott im Himmel bereiten. Er zieht mit seinem Vater jetzt schon in uns ein und nimmt bei uns Wohnung. Diesen Vers aus dem Johannesevangelium haben die Kirchenväter als einen der vielen Ausgangspunkte für die Lehre vom dreifaltigen Gott genommen: Gott ist Gemeinschaft. Vater, Sohn und Heiliger Geist sind eins und doch drei Personen. Jeder wohnt auch im anderen und durchdringt ihn. Die Kirchenväter haben dafür den Begriff der *Perichorese* entwickelt, der ursprünglich meint: gegenseitige Durchdringung. Leonardo Boff übersetzt ihn mit »um etwas herumtanzen«. Der dreifaltige Gott ist ein ewiger Tanz miteinander. Gott wohnt als dreifaltiger Gott im Menschen. Dreifaltigkeit ist ein Bild dafür, dass Gott uns mit hineinnimmt in seinen Tanz der Liebe. Der dreifaltige Gott ist ein offener Gott, offen, um im Mensch zu wohnen. Für Richard von St. Victor, einem der wichtigsten Pariser Theologen des 12. Jahrhunderts, ist das Wesen des dreifaltigen Gottes Liebe. Er erläutert das am Beispiel der Liebe zweier Menschen. Die vollkommene Liebe braucht immer drei Personen: den Liebenden, den Geliebten und den Dritten, der diese Liebe hochschätzt. Der Vater liebt den Sohn, der Sohn liebt den Vater. Der Heilige Geist ist die mitgeteilte Liebe, die Liebe, die beide miteinander verbindet. Das Wohnen des dreifaltigen Gottes im Menschen bedeutet für Richard von St. Victor, dass die Liebe, die gibt, die Liebe, die erwidert, und die Liebe als Gabe, die uns geschenkt wird, im Menschen wohnt. Der Heilige Geist vergöttlicht unsere menschliche Liebe und macht uns fähig, sie nicht nur auf Gott oder auf Menschen zu richten, sondern auf die ganze Schöpfung. So ist das Innewohnen Gottes in der menschlichen Seele nicht etwas, was der Mensch für sich selbst behält. Es öffnet ihn vielmehr für die anderen und für die ganze Schöpfung, die von der Liebe des Heiligen Geistes durchdrungen ist. Mary T. Clark, Ordensschwester und Professorin für Theologie in Purchase in New York, beschreibt dieses Verständnis von Spiritualität so: »Spirituelles Leben ist keine Flucht vom ‚Allein zum Alleinigen', sondern ein Sich-Einen mit allem in der dreifachen Weise von Vater, Sohn und Geist« (Clark, in

McGuinn, 296). Der dreifaltige Gott, der in uns wohnt, befähigt uns, uns mit allem zu einen, was ist, weil alles vom Geist Gottes durchdrungen ist.

Die Mystiker haben das Wohnen Gottes im Menschen auf verschiedene Weise beschrieben. Manche Kirchenväter beziehen sich dabei auf biblische Texte, wie etwa auf das Bild des Allerheiligsten, von dem der Hebräerbrief spricht. Der Autor des Hebräerbriefes, der griechische und jüdische Glaubensvorstellungen miteinander verbindet, spricht davon, dass Christus durch seinen Tod in das Innere hinter dem Vorhang als unser Vorläufer hineingegangen ist (vgl. Hebr 6,19f). Hinter dem Vorhang ist das Allerheiligste, zu dem nur der Hohepriester Zugang hatte. Christus ist in das Allerheiligste hineingetreten. Doch dieses Allerheiligste ist nicht mehr im Tempel, sondern in uns. Dort, wo Christus in uns wohnt, ist alles heil und ganz. Dort ist in uns ein Raum, der dem Zutritt der Menschen verwehrt ist. Zu diesem Allerheiligsten hat auch der Lärm der Welt keinen Zutritt. Dort ist alles heilig, alles der Welt entzogen. Dieser Raum ist von Gott bewohnt. Und dort, wo Gott in uns wohnt, können wir ganz wir selbst sein. Dort kommen wir in Berührung mit dem Heiligen und Heilen in uns.

Ein anderes biblisches Bild ist das vom Tempel Gottes. Paulus spricht im 1. Korintherbrief davon: »Wisst ihr nicht, dass euer Leib ein Tempel des Heiligen Geistes ist, der in euch wohnt und den ihr von Gott habt? Ihr gehört nicht euch selbst; denn um einen teuren Preis seid ihr erkauft worden. Verherrlicht also Gott in eurem Leib!« (1 Kor 6,19f). Unser Leib wird vom Heiligen Geist bewohnt. Und mit dem Heiligen Geist wohnt Gottes Schönheit in uns. Wenn wir uns dessen bewusst werden, erleben wir uns anders. Wir erkennen die Würde unseres Leibes: Er ist nicht nur von unserer Seele geprägt, sondern der Ort, an dem Gott selbst wohnt.

Das Johannesevangelium will die Vertreibung der Händler aus dem Tempel so verstanden wissen, dass Christus in unsere Markthalle einzieht und sie in den Tempel Gottes verwandelt, indem er den inneren Lärm der Händler und Geldwechsler herauswirft und auch die Rinder, Schafe und Tauben – das Triebhafte, das Oberflächliche und die herumflatternden Gedanken – aus uns herauswirft, damit Gottes Schönheit in uns einziehen kann. Wenn Gottes Schönheit in uns wohnt, dann erleben wir uns selbst auch als schön. Wir erfahren die innere Würde und Schönheit unseres Leibes und unserer Seele.

Ein Wort, das der Mystik des hl. Paulus entspringt, wurde in der Tradition sowohl für das Wohnen Gottes als auch für die Gottesgeburt herangezogen: »Nicht mehr ich lebe, sondern Christus lebt in mir« (Gal 2,20). Christus lebt in mir, er ist mein wahres Selbst geworden. Doch zugleich kann man sagen: Christus wird in mir geboren. Er wird meine innerste Wirklichkeit. Wenn Christus in uns geboren wird, wird er unser wahres Selbst. Dann hören wir auf, aus dem Ego zu leben, sondern tun dies aus unserer innersten Mitte heraus. Nicht unser Ego lebt, sondern unser Selbst.

C.G. Jung nennt Jesus den Archetyp des Selbst. Die Botschaft Jesu hat die Menschen deshalb so angesprochen, weil sie in ihnen das archetypische Bild des Selbst geweckt hat. Christus vermittelte den Menschen die Hoffnung, vom engen Ego zum weiten Selbst zu gelangen. Das Selbst umschließt sowohl bewusste wie unbewusste Bereiche in der menschlichen Seele. Doch Jung schreibt auch davon, dass Christus als Archetyp des Selbst das Wesen des Kosmos mit einschließt. Das Selbst ist immer schon verbunden mit dem ganzen Kosmos (vgl. Jung 11. Bd., 170).

Die Kirchenväter haben die Gottesgeburt in der menschlichen Seele immer wieder beschrieben. Sie sprechen davon, dass jeder Christ, ob Mann oder Frau, Mutter Christi ist. Sie zitieren dazu oft Matthäus 12,50: »Wer den Willen meines himmlischen Vaters erfüllt, der ist für mich Bruder und Schwester und Mutter.« Es sind vor allem die Mystiker des Mittelalters, die diese Bibelstelle auf die innere Geburt Christi im Herzen des Menschen auslegen. Sie nehmen Maria als Vorbild. Christus wird in Maria, aber auch in der Seele jedes gläubigen Christen geboren.

Die Seele jedes Menschen ist ein mütterlicher Raum, in dem Gott geboren wird. Oft wird auch das Herz als der Ort genannt, in dem das Wort Gottes in uns Fleisch wird. Clemens von Alexandrien spricht davon, dass der *Logos* in uns wohnt. Und wer den *Logos* in sich wohnen hat, »erhält die schöne Gestalt des *Logos*, wird selbst schön, denn er wird Gott ähnlich. Ja, er wird ›Gott‹, weil Gott es so will. O offenbar gewordenes Mysterium: Gott im Menschen und der Mensch Gott!« (zit. nach Hugo Rahner 341). Das sind mutige Worte: Gott wohnt in seinem *Logos*, in seinem Sohn Jesus Christus, in unserem Herz, und macht uns selbst zu Gott. So haben wir teil an der Schönheit Gottes.

Später werden die Kirchenväter es dann so nennen: Gott wird Mensch, damit der Mensch vergöttlicht wird. Und in der Vergöttlichung des Menschen wird auch der ganze Kosmos vergöttlicht. Leonardo Boff hat die Inkarnation Gottes in Jesus Christus in diesem kosmischen Sinn ausgelegt. Gott hat im menschlichen Leib Jesu gleichsam den ganzen Kosmos mit seinem göttlichen Leben verbunden (vgl. Boff 363ff).

Die Kirchenväter sehen die Geburt des ewigen *Logos* aus Maria der Jungfrau als Bild für die geistige Geburt Christi im Herzen des einzelnen Menschen. Origenes spricht davon, dass der *Logos*, der in der Taufe in der menschlichen Seele geboren wird, auch wachsen muss, indem er die menschliche Seele immer mehr umformt in das Bild Christi. Diese Umformung zeigt sich in den Tugenden, die der Mensch von Jesus lernt. Und sie gipfelt in der Gottesschau, zu der der Christ berufen ist.

Die Kirchenväter sprechen von der Taufgeburt, die sich in der täglich sich vollziehenden Logosgeburt in der menschlichen Seele fortsetzen soll. Diese verwandelt das Handeln, Denken und Sprechen des Menschen mehr und mehr und durchdringt es mit dem Geist Jesu. Die Lehre der griechischen Kirchenväter gipfelt in der Mystik des Gregor von Nyssa. Er schreibt: »Aus Gott allein geschieht diese Geburt. Und sie vollzieht sich, wenn jemand in dem lebendigen Grund seines Herzens in mütterlicher Empfängnis die Unvergänglichkeit des Geistes erhält. Er gebiert dann Weisheit und Gerechtigkeit, Heiligkeit sowohl als innere Reinheit. Und so kann jeder Mutter dessen werden, der dies alles dem Wesen nach ist, wie ja der Herr selbst sagt« (zit. nach Hugo Rahner 375f). Christus wächst in unserem Innern heran und verwandelt uns immer mehr in seine eigene Gestalt, in seine eigene Schönheit, die dann durch uns in diese Welt hinein strahlt.

Die Frage ist, was dieses Bild bedeutet. Man kann es theologisch so deuten: Wenn Gott in mir geboren wird, komme ich in Berührung mit dem einmaligen Bild, das er sich von mir gemacht hat. Gott wird auch in mir als Kind geboren. Das heißt: Er bringt mich in Berührung mit dem Ursprünglichen und Unverfälschten in mir, mit dem Glanz, den Gott jedem Menschen bei der Erschaffung zuteilt. Aber Gottesgeburt bedeutet auch, dass Gott alle meine seelischen und leiblichen Kräfte durchdringt und so immer mehr in mir Mensch wird. Meine Aufgabe besteht darin, das göttliche Leben durch mein Denken und Handeln in die Welt strömen zu lassen. Oder anders ausgedrückt: Die Gottesgeburt in meiner Seele öffnet meine Augen dafür, auch in der Welt Gott als den eigentlichen Grund zu erkennen und mich in Gott eins zu fühlen mit dem Kosmos.

Augustinus, einer der ersten Mystiker im Westen, spricht nicht von der Gottesgeburt im Menschen, sondern vom Bild Gottes im Menschen. »In uns selbst finden wir ein Abbild Gottes, das ist jener höchsten Dreieinigkeit zwar ihm nicht gleich, vielmehr weit von ihm entfernt, weil nichts gleich ewig, nichts – um es in Kürze zu sagen – desselben Wesens ist wie Gott, gleichwohl Gott von Natur näher als alle anderen von ihm geschaffenen Dinge, ein Abbild, das durch Erneuerung noch vollkommener werden soll, um ihm dann gänzlich gleich zu werden« (Ruh 98f). In unserer Seele ist also das Abbild Gottes. Hier erkennen wir unsere innere Verwandtschaft mit Gott, ja, Gottes Bild selbst spiegelt sich in unserer Seele. Das gibt uns unsere wahre Würde. Augustinus spricht auch von der Gottesgeburt im Menschen. Aber er versteht sie weniger mystisch als vielmehr moralisch: »Im

Glauben, im Tun des Guten, im Vollbringen des Willens des Vaters wird die Seele zur Gebärerin Christi« (Ruh 116). Meister Eckhart sieht seine Vorstellung von der Gottesgeburt in den Ansichten von Augustinus begründet. Doch er legt seine Gedanken mystisch und auch ontologisch aus.

Für Meister Eckhart ist der Gedanke der Gottesgeburt in der menschlichen Seele zentral geworden. Im Seelenfunken, wie er es nennt, wird der Sohn wiedergeboren. In ihm erscheint das Göttliche in der Seele. Meister Eckhart sieht die Gottesgeburt zusammen mit der Geburt des Sohnes im Herzen des Vaters und mit der Menschwerdung Gottes im Kind von Betlehem. Für ihn gibt es dabei keine zeitliche Reihenfolge. Alles ist Ausdruck desselben Vorganges, der dann in der Gottesgeburt in der einzelnen menschlichen Seele gipfelt. Meister Eckhart drückt es so aus: »Gott gebiert seinen eingeborenen Sohn in dir, es sei dir lieb oder leid, ob du schläfst oder wachst: Er tut das Seine« (Mieth 47).

Gott selbst bewirkt die Gottesgeburt in unserer Seele. Die Geburt Jesu aus Maria ist für Meister Eckhart ein Bild für das, was in jeder Seele geschieht: »Es ist Gott wertvoller, dass er von einer jeden guten Seele geistig geboren werde, als dass er von Maria leiblich geboren wurde« (ebd. 69). Die Gottesgeburt ist aber nicht nur ein Handeln Gottes, sondern führt auch zu einer Antwort des Menschen: »Gott gebiert seinen eingeborenen Sohn in das Höchste der Seele. Im gleichen Vorgang, in dem er seinen eingeborenen Sohn in mich gebiert, gebäre ich ihn zum Vater zurück« (Mieth 138). Für Meister Eckhart ist Gebären und Geborenwerden identisch.

Es sind kühne Formulierungen, die der Mystiker hier äußert und die heute im interreligiösen Dialog gerne herangezogen werden. Letztlich werden wir sie aber nie ganz verstehen können. Gottesgeburt meint für Meister Eckhart eine innige Beziehung zwischen Gott und Mensch.

Das Göttliche als heilende Kraft in uns – der Heilige Geist

Das Göttliche ist für uns Christen immer auch eine heilende Kraft. Jesus, der Sohn Gottes, heilt die Kranken. In ihm kommt die heilende Liebe Gottes zu uns. In seiner Antrittsrede in der Synagoge von Nazaret beschreibt Jesus mit den Worten aus dem Buch des Propheten Jesaja seinen Auftrag: »Er hat mich gesandt, damit ich den Armen eine gute Nachricht bringe, damit ich den Gefangenen die Entlassung verkünde und den Blinden das Augenlicht, damit ich die Zerschlagenen in Freiheit setze und ein Gnadenjahr des Herrn ausrufe« (Lk 4,18f). Im Auftrag Gottes heilt Jesus Kranke. Und er sendet seine Jünger aus »mit dem Auftrag, das Reich Gottes zu verkünden und zu heilen« (Lk 9,2). Die Verkündigung des Reiches Gottes und der Heilungsauftrag gehören eng zusammen. Doch das Reich Gottes, so sagt Jesus im Lukasevangelium, »ist in euch«, inwendig in euch, wie Martin Luther übersetzt (Lk 17,21). Das Reich Gottes ist also der innere Raum der Stille in uns, in dem Gott herrscht und wir nicht von unseren Bedürfnissen, von unseren neurotischen Mustern oder von den Erwartungen und den Ansprüchen anderer Menschen beherrscht werden. In diesem Raum, in dem das Reich Gottes in uns ist, sind wir frei, sind wir heil und ganz. Da ist die heilende Kraft Gottes in uns. Da ist das Göttliche in uns als eine heilende Kraft spürbar.

Das Göttliche als heilende Kraft wird in der christlichen Tradition sowohl mit Jesus Christus, dem Heiland, verbunden als auch mit dem Heiligen Geist.

Jesus ist der göttliche Arzt, der die Kranken heilt, wie man in den vielen Heilungsgeschichten der Synoptiker nachlesen kann. Jesus heilt mit der Kraft (*dynamis*) Gottes. Johannes dagegen beschreibt Jesus als Arzt in dem Bild der ehernen Schlange, die die Juden an einen Pfosten befestigt hatten, damit alle, die von giftigen Schlangen gebissen wurden, durch den Blick darauf wieder gesund würden: »Wie Mose die Schlange in der Wüste erhöht hat, so muss der Menschensohn erhöht werden, damit jeder, der an ihn glaubt, in ihm das ewige Leben hat« (Joh 3,14f). Jesus ist der göttliche Arzt, der die tiefste Wunde des Menschen – die Todeswunde – heilt.

Dass Jesus gerade am Kreuz zu unserem Arzt wird, verdeutlicht Johannes noch durch ein anderes Bild. Jesus sagt: »Wenn ich über die Erde erhöht bin, werde ich alle zu mir ziehen« (Joh 12,32). Am Kreuz umarmt uns Jesus und durch diese Umarmung heilt er unsere Wunden. Die Kirchenväter haben dieses Bild so verstanden, dass Jesus am Kreuz die ganze Welt umarmt hat. Und sie haben das Kreuz als das

Baugesetz der Welt gesehen, das dem ganzen Kosmos aufgeprägt ist: Das Kreuz ist fest in die Welt gerammt, damit es das Unstete befestigt und die Tiefen der Erde mit dem Himmel verbinden.

In meinen Kursen mache ich mit den Teilnehmern manchmal die Übung, dass wir uns hinstellen und die Arme weit ausbreiten, so wie Jesus seine Arme am Kreuz ausgebreitet hat. In dieser Haltung kann ich mir vorstellen, dass ich den ganzen Kosmos umarme. Die Lateiner sagen: *nihil humanum mihi alienum* = Nichts Menschliches ist mir fremd. In der Haltung der Kreuzgebärde kann ich mir vorstellen: Nichts Kosmisches ist mir fremd. Alles, was im Kosmos ist, ist auch in mir. In dieser Gebärde spüre ich die Verbundenheit mit der ganzen Welt.

Ich leite in meinen Kursen aber häufig noch eine andere Übung an, um die heilende Wirkung des Kreuzes zu verdeutlichen: Wir stellen uns aufrecht hin und kreuzen die Arme über der Brust. Weil Christus uns am Kreuz umarmt, umarmen wir gemeinsam mit ihm das verletzte Kind in uns: das verlassene Kind, das zu kurz gekommene Kind, das übersehene Kind, das nicht genügende Kind, das lächerlich gemachte Kind, das unverstandene Kind, das vernachlässigte Kind, das beschämte Kind und das abgelehnte Kind. Dann erahnen die Kursteilnehmer etwas von der heilenden Kraft Jesu, die vom Kreuz zu uns strömt. Das Kreuz zeigt uns, dass Jesu heilende Liebe alles Verletzte, Schwache und Kranke in uns umarmt.

Die Kirchenväter sprechen nicht nur von Jesus als dem Arzt, der uns von außen berührt und uns heilt. Er ist auch der innere Arzt in uns, der uns in Berührung bringt mit den heilenden Kräften unserer Seele. Gott selbst hat die heilenden Kräfte in unsere Seele eingepflanzt. Durch Jesus kommen wir in Berührung mit ihnen. Dieser innere Arzt sagt uns Worte wie: »Streck deine Hand aus!« (Mk 3,5) oder: »Steh auf, nimm dein Bett und geh!« (Joh 5,9). Und er berührt unsere Wunden und lässt die heilende Kraft Gottes in sie einströmen, damit sie verwandelt und geheilt werden. In den Worten, die er zu dem Mann mit der verdorrten Hand und zum Gelähmten gesprochen hat, wirkt seine heilende Kraft auch in uns. Es sind nicht nur äußere Worte, die unser Ohr erreichen, sondern innere Worte, die uns in Berührung bringen mit der heilenden Kraft unserer Seele.

Das Göttliche als heilende Kraft ist in uns jedoch auch durch den Heiligen Geist. Jesus hat uns ihn gesandt. Im Johannesevangelium haucht er den Heiligen Geist seinen Jüngern am Osterabend ein. »Er hauchte sie an und sprach zu ihnen: Empfangt den Heiligen Geist!« (Joh 20,22). Der Heilige Geist ist in uns wie der Atem, der uns durchdringt. Im Alten Testament wird der Geist Gottes selbst Atem Gottes genannt. In unserem Atem können wir den Heiligen Geist spüren. Und wie wir ohne Atem nicht leben können, so leben wir auch nicht unserem Wesen als erlöste Christen entsprechend, ohne dass der Heilige Geist in uns atmet und alles in uns durchdringt. Er ist die göttliche Kraft, die in alle Poren unseres Leibes und unserer Seele dringt. Eine Weise der Heilung ist, dass wir bewusst diesen Heiligen Geist in die kranken Zellen unseres Leibes strömen lassen. Es ist keine Garantie, dass sie auch geheilt werden. Aber wir dürfen vertrauen, dass der Heilige Geist in unserem Leib seine heilende Kraft wirken lässt. Es gibt dann nichts in uns, das nicht vom Heiligen Geist berührt wird. Wenn wir vom Heiligen Geist berührt werden, kommen wir in Berührung mit uns selbst, mit dem wahren Selbst. Dann entfremdet uns die Krankheit nicht von uns selbst, sondern sie wird zum Einfallstor des Heiligen Geistes. Auch in unserem kranken Leib sind wir dann vom Heiligen Geist erfüllt. Das verwandelt zumindest unsere Selbstwahrnehmung: Wir fühlen uns nicht mehr krank, sondern selbst in der Krankheit eins mit uns, weil alles in uns vom Heiligen Geist durchdrungen ist.

Die Pfingstsequenz von Stefan Langton besingt den Heiligen Geist mit den Worten: »Was befleckt ist, wasche rein, Dürrem gieße Leben ein, heile du, wo Krankheit quält« (*sana quod est saucium*). Alfred Delp, der deutsche Jesuit, der wegen seines Widerstandes gegen das Dritte Reich im Juli 1944 ins Gefängnis kam und am 2.2.1945 hingerichtet wurde, hat als Gefangener auf kleinen Zetteln eine Meditation über die Pfingstsequenz geschrieben, um selbst aus seinen Worten Trost und Hoffnung zu schöpfen. Statt immer nur um unsere Wunden zu kreisen und andere für unser Leiden verantwortlich zu machen, rät uns Delp dazu, sie einfach Gott hinzuhalten, ohne ständig darüber nachzugrübeln, warum dieses oder jenes ausgerechnet uns passiert ist. »Irgendwann muss alles Denken und müssen alle Fluchtversuche aufhören. Man muss ganz ruhig liegen, sonst reißen die Dornen des Gestrüpps, in das man gefallen ist, nur neue Wunden. Ganz ruhig liegen und seine Ohnmacht wissen und die heilende Hand Gottes suchen. Seinen heiligen und heilenden Strom herausweinen, in uns hineinleiten, der uns von innen her den Dingen gewachsen machen wird« (Delp 292). Im Weinen, so meint Delp hier, weinen wir nicht nur die eigene Not heraus, sondern öffnen uns dem Heiligen Geist, damit der Strom seiner heilenden Liebe in uns einströmen kann.

Delp spricht nicht nur von den Wunden, die andere uns zufügen, sondern auch von Wunden, die von innen kommen: »Wenn der Glaube schwankt, die Hoffnung zerbricht, die Liebe erkaltet, die Anbetung erstarrt, der Zweifel nagt, der Kleinmut sich über alles Leben breitet wie das Leichentuch der Winterlandschaft, der Hass und die Anmaßung den inneren Atem würgen: dann ist das Leben auf den Tod verwundet« (ebd. 293). Und er weiß, dass der Mensch diese Wunde nicht selbst zu heilen vermag, sondern sich an Gottes Geist wenden muss. Delp hat es im Gefängnis selbst erfahren: »Allein hätte ich es schon lange nicht mehr geschafft. Schon damals in der Lehrterstraße nicht. Gott heilt. Die heilende Kraft Gottes lebt in mir und mit mir« (ebd. 293).

Die Meditationen von Alfred Delp mögen auch uns heute dazu ermutigen, dass der Heilige Geist unsere Wunden heilen kann. Wir sollen unsere Verletzungen nicht verdrängen, sondern sie Gott hinhalten und uns vorstellen, wie der Heilige und heilende Geist Gottes in unsere Wunden einströmt, sie verwandelt und heilt. Der Heilige Geist heilt jedoch nur, was wir ihm hinhalten. Es braucht also die ehrliche Begegnung mit mir selbst, mit den Verletzungen und Kränkungen meiner Seele. Ich muss sie selbst anschauen. Dann kann ich meine Empfindlichkeit, meine Ohnmacht, meine Verlassenheit, meine Traurigkeit, meine Angst, meine Schmerzen Gott hinhalten, damit sein Heiliger Geist in alle verletzten Bereiche meiner Seele und meines Leibes strömt.

In der Krebstherapie gibt es heute die Methode der Imagination: Man stellt sich vor, wie positive Energie in die kranken Krebszellen strömt und sie bekämpft. Wir können uns vorstellen, dass der Heilige Geist in unsere Zellen eindringt und sie heilt. Aus der Quantenphysik wissen wir, dass Gedanken und Vorstellungen bis in die Materie hinein wirken. So kann die göttliche Kraft des Heiligen Geistes auch den Leib heilen. Aber wir dürfen uns nicht unter Druck setzen, dass wir damit jede Krankheit heilen können. Es gibt Menschen, die meinen, sie könnten über die göttliche Kraft verfügen. Und wenn sie dann nicht geheilt werden, geben sie sich selbst die Schuld. Sie meinen, sie würden noch zu wenig daran glauben. Doch zu meinen, ich könnte den Glauben selbst »machen«, ich bräuchte den Heilungswillen nur tief genug in mein Unbewusstes hineinzuprägen, dann müsste ich gesund werden, das ist Aberglaube. Und es ist gefährlich. Wir können über den Heiligen Geist nicht verfügen. Wir können ihn nur bitten, einzudringen und das Kranke in uns zu heilen. Aber wie der Heilige Geist wirkt, das müssen wir ihm überlassen. Er kann auch stärkend in uns wirken, ohne dass der Leib gesund wird.

Der Heilige Geist wird in der Liturgie auch Schöpfergeist genannt. So beginnt der Hymnus des Rhabanus Maurus: »*Veni creator spiritus* – Komm, Schöpfergeist«. Durch den Heiligen Geist schafft Gott alles. So sagt die Bibel im Schöpfungsbericht: »Gottes Geist schwebte über dem Wasser« (Gen 1,2). Der Geist Gottes durchdringt die ganze Welt. Und er verbindet alles miteinander. Er verbindet die Christen zur Kirche und uns mit der ganzen Schöpfung, die er durchdringt. Er ist der *dominus vivificans*, wie ihn das Credo nennt: Er belebt uns und die ganze Schöpfung. So ist der Heilige Geist heilend, indem er uns mit der ganzen Schöpfung verbindet und alles in uns mit neuem Leben erfüllt. Leonardo Boff spricht von einer kosmisch-ökologischen Mystik des Heiligen Geistes: »Wir entdecken uns selbst als eingetaucht in ein Feld absoluter Energie – den *Spiritus Creator* –, der sich in den Energien des Universums und in unserer eigenen vitalen und spirituellen Energie offenbart« (Boff 363).

Das Göttliche, das uns mit uns selbst eint

In der christlichen Tradition wird der eine Gott als ein dreifaltiger Gott verstanden. Es gibt viele theologische Versuche, das Geheimnis dieser Dreifaltigkeit zu beschreiben. Für die Kirchenväter gibt es eine Parallele zwischen dem dreifaltigen Gott und dem Menschen, dem man drei Bereiche zuspricht: Leib, Seele und Geist, oder wie Augustinus es sagt: Verstand, Wille und Gedächtnis (*memoria*). Der dreifaltige Gott durchdringt alle drei Bereiche des Menschen und eint sie miteinander. Wie der dreifaltige Gott nur ein Gott ist, so ist auch der Mensch in seinen drei Bereichen nur ein Mensch. Und die Sehnsucht des Menschen besteht darin, mit sich selbst ganz eins zu werden. Das bedeutet jedoch auch, im Leib die Einheit mit dem ganzen Kosmos zu spüren.

Dieser Sehnsucht nach Einheit gibt Jesus Ausdruck in den Worten der Abschiedsrede vor seinem Tod. Da betet er für seine Jünger: »Alle sollen eins sein: Wie du, Vater, in mir bist und ich in dir bin, sollen auch sie in uns sein ... Sie sollen vollendet sein in der Einheit« (Joh 17,21.23). Wir interpretieren diese Worte Jesu meistens im Hinblick auf die Einheit der Christen. Das ist sicher auch ein Sinn, der hinter diesen Worten steckt. Aber wenn wir diese Worte Jesu auf dem Hintergrund der griechischen Philosophie lesen, dann bedeuten sie noch etwas anderes.

Die Griechen sehnten sich nach Einheit. Was ist das Eine in aller Vielheit? Was ist das, was alles zusammenhält? Parmenides entfaltet gegenüber der Philosophie des Werdens, wie sie bei Heraklit zu finden ist, eine Philosophie des Seins, des Einen, des Identischen, das zugleich Alles ist. Dem Einen gegenüber ist das Viele nur Schein. Platon greift diese Philosophie auf. Er sieht die Einheit in der *einen* Idee des Guten verwirklicht. Die *eine* Idee verwirklicht sich in den vielen sichtbaren Dingen. Zentral wird die Idee des Einen, des *to hen,* dann vor allem bei Plotin im Neuplatonismus, von dem Augustinus fasziniert war. Das *hen* ist Zeichen der Gottheit. Es ist das »Überseiende«. Alle Dinge gehen aus dem Einen hervor.

Jesus zeigt nun, wie wir eins werden können: Wir sollen eins sein, so wie er und der Vater eins sind. Jesus hat in seiner Menschwerdung alles Menschliche – auch das Dunkle und Abgründige des Menschen und selbst den grausamen Tod am Kreuz – in die Einheit mit Gott hineingeholt. So werden auch wir nur eins mit uns selbst, wenn wir wie Jesus hinabsteigen in die Tiefen unseres Unbewussten. C.G. Jung würde das den Schattenbereich nennen. Wir sollen das Licht Jesu in alle Schattenseiten unserer Seele leuchten lassen. Und wir sollen das Licht Christi auch in unseren Leib und in unserem Leib in alles Kosmische fließen lassen. Dann werden wir eins. Dann schließen wir nichts mehr von dieser Einheit aus. Dann, so sagt Jesus, werden wir vollendet sein in der Einheit. Im Griechischen steht hier das Wort: *teteleiomenoi eis to hen*. Wörtlich heißt es: vollendet auf das Eine hin, in das Eine hinein. *Teteleiomenoi* ist das gleiche Wort, mit dem Johannes die Liebe Jesu beschreibt, die am Kreuz zur Vollendung kommt. Hier hat er alle Gegensätze dieser Welt miteinander versöhnt: Himmel und Erde, Licht und Dunkel, Gut und Böse, Männlich und Weiblich, Bewusst und Unbewusst. Johannes versteht das Kreuz Jesu als Umarmung: Jesus umarmt in seiner Liebe alle Gegensätze dieser Welt. Und er umarmt uns in unserer Gegensätzlichkeit. Diese Umarmung lässt uns eins werden mit uns selbst. Das Wort *telos* spielte auch in den griechischen Mysterienkulten eine wichtige Rolle. Es bedeutet die Einweihung in das Geheimnis Gottes und in das Geheimnis des Menschen.

Telos kann auch Hochzeit bedeuten. Johannes versteht die Menschwerdung Gottes in Jesus als solche. Das lässt er in der Erzählung von der Hochzeit zu Kana deutlich werden: Wenn Gott Mensch wird, feiert er mit uns Hochzeit und verwandelt das in unserem Innern schal gewordene Wasser in wohlschmeckenden Wein. Am Kreuz wird diese Hochzeit vollendet. Da nimmt Jesus das Dunkle und Böse, auch das Brutale des Todes hinein in seine göttliche Wirklichkeit, wird alles von Gottes Liebe durchdrungen.

Das Göttliche führt auch noch auf einem anderen Weg zur Einheit. Wenn wir uns vorstellen, dass die göttliche Liebe alles in uns durchdringt, vereint Gott alles in uns in sich selbst. Und dann können auch wir einverstanden sein mit unserem Leben, denn es gibt nichts mehr in uns, was nicht von Gott berührt und von seiner Liebe durchdrungen ist. Wenn wir das, was wir in jeder Kommunion erfahren, tief in unser Bewusstsein einsinken lassen, dann spüren wir: Wir sind ganz und gar von göttlicher Liebe durchdrungen. Es gibt nichts mehr in uns, was uns fremd ist, was abgespalten ist von uns selbst und von Gott. Alles ist eins mit Gott. So können auch wir mit allem eins sein, was in uns ist.

Meister Eckhart war von dem Bild des Einen fasziniert. In seiner Predigt »Vom edlen Menschen« schreibt er: »Der Mensch muss in sich selbst Eins sein und muss dies suchen in sich und im Einen und empfangen im Einen, das heißt: Gott lediglich schauen« (Mieth 109). Das Ziel des Menschen ist, eins zu werden mit sich selbst und mit Gott. Die Begegnung mit Gott ist die Bedingung, dass der Mensch mit sich selbst eins wird. So schließt Meister Eckhart seine Predigt mit einem Blick auf den Propheten Hosea: »›Ich‹, spricht unser Herr im Propheten Hosea, ›will die edle Seele führen in eine Einöde, und ich will dort sprechen in ihr Herz‹ (Hos 2,14).

Eins mit Einem, Eines von Einem, Eines in Einem und in Einem Eines ewiglich. Amen« (Mieth 110). Gott will uns also eins machen mit uns selbst und eins werden lassen mit dem Einen – mit dem einen Gott, der in sich höchste Einheit ist und uns das Einssein mit uns selbst ermöglicht. Doch dieses Einswerden mit Gott und in sich selbst ist nur möglich, wenn wir uns selbst loslassen, wenn wir alle Absichten, alle Bilder von uns selbst und von Gott loslassen, wenn wir »abgeschieden« oder »gelassen« leben. Von der Abgeschiedenheit schreibt Meister Eckhart: »Diese unbewegliche Abgeschiedenheit bringt den Menschen in die größte Gleichheit mit Gott. Denn dass Gott Gott ist, das hat er von seiner unbeweglichen Abgeschiedenheit, und von der Abgeschiedenheit hat er seine Lauterkeit und seine Einfaltigkeit und seine Unwandelbarkeit. Und daher, soll der Mensch Gott gleich werden, soweit eine Kreatur Gleichheit mit Gott haben kann, so muss das geschehen durch Abgeschiedenheit« (Mieth 88).

Die Erfahrung, dass Gott alles in mir eint und mich in die Erfahrung der Einheit führt, möchte ich in den Alltag hinein übersetzen: Wir alle kennen das Gefühl von Alleinsein. Wir fühlen uns alleingelassen, isoliert von den Menschen. Keiner hat Zeit für uns. Keiner ist jetzt da, mit dem wir sprechen können. Und selbst wenn Menschen in unserer Nähe sind, fühlen wir uns allein, weil die anderen uns nicht verstehen.

Die Kunst besteht nun darin, das Alleinsein in ein All-Eins-Sein zu verwandeln. Doch wie gelingt das?

Ich setze mich hin und spüre in mir die Traurigkeit über mein Alleinsein, über meine Einsamkeit. Ich gehe durch die traurigen Gefühle hindurch und gelange dann in den Grund meiner Seele. Jetzt stelle ich mir vor, dass ich eins bin mit allen Menschen. Mit allen, die ähnlich wie ich an ihrer Einsamkeit leiden, bin ich in der Tiefe meiner Seele verbunden. Das verwandelt mein trauriges Gefühl von Alleinsein in ein Einssein mit allen Menschen. Und ich stelle mir vor, dass ich in der Tiefe meiner Seele eins bin mit der ganzen Schöpfung. Wenn ich mich auf eine Bank in einer schönen Landschaft setze, kann ich mir vorstellen, dass ich eins bin mit der Natur um mich herum. Alles, was in der Natur ist, das ist auch in mir. Ich fühle mich getragen und eins. Ich stelle mir vor, dass ich auf dem Grund meiner Seele eins bin mit Gott. Und in Gott bin ich eins mit mir selbst. Da kann ich Ja sagen zu mir, einverstanden sein mit mir, so, wie ich bin. Es ist eine heilsame Erfahrung, mich all-eins zu wissen. Ich fühle mich nicht mehr isoliert, sondern verbunden mit allem, zugehörig zu allen Menschen und zu allem, was ist. Diese Erfahrung verwandelt meine Traurigkeit in einen tiefen inneren Frieden.

Das Göttliche als Raum der Stille in uns

Evagrius Ponticus, einer der sogenannten Wüstenväter, spricht von dem inneren Raum der Stille, der in uns ist. Evagrius nennt ihn »Ort Gottes«: der Ort, an dem Gott in uns wohnt. Für ihn ist das ein Raum der Stille, in dem alle menschlichen Gedanken und Vorstellungen von Gott schweigen und in dem der Lärm der eigenen Gedanken zum Schweigen kommt. Es ist ein Raum der Stille jenseits aller Worte und Bilder. Evagrius mahnt den Beter: »Du darfst dir beim Beten auf keinen Fall ein Bild von irgendetwas machen, du darfst dir nichts vorstellen« (Gebet 114). Der Raum der Stille ist zugleich der Raum des wortlosen und bildlosen Betens. Gott wird erfahren als das Geheimnis jenseits aller Begriffe und Bilder.

Die Mystiker haben diesen inneren Raum der Stille mit verschiedenen Bildern beschrieben. Meister Eckhart spricht vom »Seelenfunken«, Johannes Tauler vom »Seelengrund«. Katharina von Siena nennt diesen Raum der Stille »Innere Zelle«.

Teresa von Ávila gebraucht das Bild von der »Seelenburg«: Die Seelenburg hat verschiedene Räume. Durch alle

Räume hindurch gelange ich in das innerste Gemach der Burg. Dort wohnt Gott allein mit mir. Ich kann mir diesen inneren Raum auch als Höhle vorstellen. Die Ikonen haben die Geburt Jesu immer in einer Höhle dargestellt. Die Höhle ist ein mütterlicher Raum. Sie stellt auch die Mitte des Kosmos dar. Der Raum der Stille in mir ist gleichsam die Höhle, die Gott in den Kosmos gegraben hat, um dort in mir und in der ganzen Schöpfung zu wohnen als die innerste Wirklichkeit, die alles zusammenhält.

Die christliche Tradition bringt das Bild vom inneren Raum der Stille mit der biblischen Geschichte vom Seesturm in Verbindung: Die Jünger sind im Boot und werden von einem heftigen Wirbelsturm hin und her geschaukelt. Sie bekommen Angst. Doch Jesus macht dieser Sturm nichts aus. Er schläft seelenruhig auf einem Kissen.

Das Boot ist ein Bild für uns: Unser Boot wird hin und her geschaukelt durch den Sturm. Von außen dringt Wasser ein. Doch dort, wo Jesus in unserem Boot ist, ist Ruhe. Ihm vermag der Sturm nichts anzuhaben. Die Jünger bekommen wie wir Angst vor dem Sturm. Deshalb wecken sie Jesus auf. »Da stand er auf, drohte dem Wind und sagte zu dem See: Schweig, sei still! Und der Wind legte sich und es trat völlig Stille ein« (Mk 4,39). Im Griechischen heißt es hier: *galene megale*. Es ist eine »große Stille«. Jesus schafft im Äußeren Stille. Die Elemente der Welt – Sturm und Wogen – kommen zur Ruhe. Von Jesus geht eine beruhigende Wirkung aus bis in den Kosmos hinein. Doch wenn der Kosmos um uns herum still geworden ist, können wir auch in unserem Herzen die große Stille wahrnehmen, die Jesus in uns schafft, wenn er den Stürmen unserer Emotionen Einhalt gebietet. Er beruhigt den inneren Lärm unserer Gedanken. Doch damit er das tun kann, müssen wir ihn aufwecken. Das heißt: Wir müssen Beziehung aufnehmen zu ihm. Solange er schläft, solange wir ohne Beziehung sind zu ihm, der in dem inneren Raum der Stille ist, haben wir auch keinen Anteil an seiner Ruhe, an seiner Stille. Dort, wo Jesus in uns wohnt und wir in Beziehung sind zu ihm, ist eine große Stille in uns. Da hat der Lärm von außen keinen Zutritt mehr.

In diesem Raum der Stille erleben wir uns auf fünf verschiedene Weisen: 1. Wir sind frei von dem Lärm der menschlichen Gedanken, von den Wünschen und Ansprüchen der Menschen, von ihren Erwartungen und Urteilen über uns. Viele denken bei allem, was sie tun, daran, was wohl die Leute dazu sagen werden. In diesen inneren Raum der Stille kann die Meinung der Leute nicht eindringen. 2. Wir sind heil und ganz. Die verletzenden Worte können in diesen inneren Raum der Stille nicht vordringen. Sie werden uns emotional immer noch kränken. Aber dieser innere Raum der Stille ist frei von allen Verletzungen. Er ist gleichsam ein Zufluchtsort, in den wir uns retten können vor den

Verletzungen und Kränkungen, die uns von außen erreichen. 3. Dort sind wir ursprünglich und authentisch. Dort lösen sich all die Bilder auf, die andere uns übergestülpt haben: die Bilder der Selbstentwertung, die uns kleinmachen und uns einreden, dass wir unmöglich sind, dass es mit uns niemand aushalten kann. Und dort lösen sich auch die Bilder der Selbstüberschätzung auf, dass wir immer perfekt und erfolgreich und »cool« sein müssen. Wenn all diese Bilder sich auflösen, dann sind wir einfach da. Wir sind reines Sein und haben so teil am reinen Sein Gottes. Wir sind frei von dem Druck, uns selbst rechtfertigen oder etwas vorweisen zu müssen. Heute fragen viele Menschen bei allem, was sie tun: »Was bringt mir das?« Wenn ich einfach da bin, braucht es gar nichts zu bringen. Ich erfahre, was Angelus Silesius so ausgedrückt hat: »Die Rose ist ohn Warum. Sie blühet, weil sie blühet. Sie acht' nicht ihrer selbst, fragt nicht, ob man sie siehet.« 4. Dort sind wir rein und klar. Dort haben auch die Selbstvorwürfe und die Schuldgefühle keinen Zutritt und kommen wir mit dem reinen, unbefleckten und ungetrübten Bild Gottes in uns in Berührung. Viele kommen nicht zur Ruhe, weil sie Angst haben, sie könnten an sich vorbeileben. Oder aber Schuldgefühle tauchen auf. Doch dort, wo Christus in uns wohnt, sind wir ohne Schuld. Dort ist alles schön und gut wie im Anfang der Schöpfung. 5. Dort, wo das Geheimnis Gottes in uns wohnt, sind wir bei uns selbst daheim. Da kommen wir zu uns selbst und können es bei uns gut aushalten.

Mir hilft es, mir mitten im Trubel einer Großstadt des inneren Raums der Stille bewusst zu werden. Dann fühle ich mich trotz der Unruhe um mich herum ruhig. Ich bleibe bei mir und stelle mir vor: All das Gehetze um mich herum berührt mich nicht. Ich nehme es wahr. Aber es gibt in mir diesen Raum der Stille, zu dem der Lärm von außen keinen Zutritt hat. Wenn ich früher als Cellerar Sitzungen leiten musste, in denen oft heiß diskutiert und auch heftig gestritten wurde, half es mir ebenfalls, mir diesen inneren Raum der Stille auf dem Grund meiner Seele vorzustellen. Dann konnte ich mich auf die Diskussion einlassen, ohne innerlich aufgewühlt zu werden. Denn der Grund meiner Seele war davon unberührt. Er blieb still.

Während der Kurse und im Recollectiohaus führe ich viele Seelsorgegespräche. Manche fragen mich, wie ich es aushalten kann, mir soviel Leid und soviele Probleme anzuhören. Mein Rezept ist auch da: Ich lasse mich emotional ganz auf das Gespräch und auf den Gesprächspartner ein. Ich öffne mich ihm. Aber ich bin mir zugleich auch des inneren Raumes bewusst, zu dem der andere keinen Zutritt hat. Das entlastet mich bei den Gesprächen. Ich habe einen inneren Schutzraum, zu dem ich immer Zuflucht nehmen kann, wenn ich mich emotional zu sehr aufwühlen lasse.

Ich lasse die Gefühle zu, aber ich relativiere sie auch, indem ich tiefer in mich hineinhorche und in den inneren Raum der Stille auf dem Grund meiner Seele gelange. Dort wohnt Gott in mir. Und diesem Gott kann ich all die Probleme, die ich höre, anvertrauen. Ich muss nicht alles allein lösen.

Dass Gott nur in der Stille erfahren werden kann, sagt uns die berühmte Geschichte vom Propheten Elias. Er hatte bis zu dem Erlebnis, das die Bibel beschreibt, gedacht, dass sich Gott nur in lauten Situationen zu Wort meldet, etwa im Sturm, im Feuer oder im Erdbeben. Doch dann nimmt ihn Gott selbst in die Schule und zeigt sich ihm im leisen Säuseln des Windes, in der »Stimme verschwebenden Schweigens«, wie Martin Buber die Stelle in 1 Könige 19,12 übersetzt. Es braucht die Stille, um Gott zu erfahren. Der Lärm unserer Gedanken trennt uns von ihm. Aber nicht nur der Lärm muss schweigen. Solange wir über Gott nachdenken, sind wir nicht eins mit Gott. Wir müssen unsere Gedanken loslassen, um mit Gott eins werden zu können.

Das Göttliche als Liebe

Der 1. Johannesbrief sagt: »Gott ist Liebe, und wer in der Liebe bleibt, bleibt in Gott, und Gott bleibt in ihm« (1 Joh 4,16). Es ist eine mutige Definition: Gott ist Liebe. Die Liebe, von der Johannes schreibt, ist mehr als ein Gefühl. Sie ist eine Qualität des Seins. Die Aussage ist wechselseitig zu verstehen: Gott ist vom Wesen her Liebe. Aber immer dort, wo wir Liebe erfahren, sind wir auch in Gott und haben wir teil an ihm. Gott ist für Johannes beides: Er ist in sich selbst Liebe. Aber er ist auch eine Person, die wir lieben und die uns liebt. Gott drückt seine Liebe zu uns aus, indem er uns seinen Sohn schenkt. So heißt es in Johannes 3,16: »Gott hat die Welt so sehr geliebt, dass er seinen einzigen Sohn gab, damit jeder, der an ihn glaubt, nicht zugrunde geht, sondern das ewige Leben hat.« Gott zeigt uns seine Liebe in seinem Sohn. Dort leuchtet sie für uns auf. Und wenn wir an diese Liebe glauben, die gerade im Tod seines Sohnes in seiner ganzen Herrlichkeit aufscheint, dann haben wir ewiges Leben, erfahren wir hier schon ein Leben, das durch den Tod nicht mehr zerstört werden kann. Dann wird unser Bewusstsein hier schon verwandelt und erweitert. Und wir erfahren: Die Liebe ist stärker als der Tod. Das zeigt uns die Auferstehung Jesu.

Neben dieser personalen Aussage über die Liebe sagt Johannes aber noch etwas anderes: Gott ist Liebe. Und wir erfahren Gott, wenn wir in uns Liebe erfahren. Jeder von uns sehnt sich danach, zu lieben und geliebt zu werden. Und jeder macht dabei Erfahrungen von Erfüllung und Enttäuschung, von Verzauberung und Verletzung. Das Ziel unserer Sehnsucht ist nicht, dass jemand uns so liebt, dass wir für immer »satt« sind. Vielmehr ist das Ziel, dass wir nicht mehr nur lieben und geliebt werden, sondern Liebe sind. Das meint Johannes mit seiner Aussage. Doch was heißt das: Liebe sein? Eine Frau erzählte mir: »Ich habe meditiert. Und auf einmal war ich Liebe. Ich dachte nicht an einen bestimmten Menschen. Ich war einfach Liebe. Die Liebe ist durch mich hinausgeströmt in mein Zimmer, zu meiner Familie, zu meiner Katze, in die Natur hinaus. Ich fühlte mich mit allem verbunden, mit dem ganzen Kosmos. Ich fühlte mich mit allem eins.« Diese Frau hat erfahren, was Johannes ausdrücken möchte. Wenn wir Liebe sind, dann sind wir mit allem verbunden, sind wir eins mit der ganzen Welt. Und dann geht von uns eine versöhnende und vereinende Kraft aus. In dieser Kraft erfahren wir Gottes Liebe als Qualität unseres eigenen Menschseins.

Im Johannesevangelium wird diese Erfahrung noch weiter entfaltet. Da sagt Jesus: »Bleibt in meiner Liebe« (Joh 15,9). Hier nutzt Johannes das Wort *agape*. Die *Agape* ist die göttliche Liebe. Sie ist gleichsam ein Raum, in dem wir wohnen, bleiben, leben können. Aber diese Liebe soll sich auch ausdrücken, indem wir einander lieben.

Liebe drückt sich ebenfalls darin aus, dass wir Jesu Gebote halten. Das klingt für uns nicht so einladend. Aber es meint, dass die Liebe sich zeigen soll in einer ganz bestimmten Haltung anderen Menschen gegenüber, ja, dass die Liebe auch eine Ordnung braucht.

Des Weiteren zeigt sich Liebe in einem achtsamen Umgang mit der Welt, mit den Menschen und mit allen Dingen. Das Gebot Jesu wird nie als konkrete Anweisung ausgelegt. Es entspricht vielmehr seiner Haltung. Wir lieben, wenn wir uns wie Jesus verhalten. Er selbst sagt: »Es gibt keine größere Liebe, als wenn jemand sein Leben hingibt für seine Freunde« (Joh 15,13). Diese Liebe Jesu gipfelt also in seiner Hingabe für seine Freunde und findet am Kreuz ihren Höhepunkt.

Paulus hat im 1. Korintherbrief im 13. Kapitel das Hohelied der Liebe gesungen. Oft wird dieser Text bei Hochzeiten vorgelesen. Aber hier geht es nicht speziell um die Liebe zwischen Mann und Frau, nicht um Nächstenliebe, auch nicht um die Gottesliebe. Wir können den Text erst verstehen, wenn wir ihn mit Texten der griechischen Philosophie vergleichen. Paulus spricht ähnlich wie die Griechen von der Macht der Liebe. Er deutet diese Macht christlich als Gabe des Heiligen Geistes und spricht davon, dass die Liebe

Gottes in unsere Herzen ausgegossen ist durch den Heiligen Geist (vgl. Röm 5,5). Paulus nennt die Liebe ein Charisma, eine Begabung, eine Befähigung des Menschen und zugleich eine Gabe Gottes an den Menschen. Sie macht den Menschen erst zum Menschen. Sie bewirkt in ihm all die Haltungen, die ihm guttun: »Die Liebe ist langmütig, die Liebe ist gütig. Sie ereifert sich nicht, sie prahlt nicht, sie bläht sich nicht auf« (1 Kor 13,4). Das sind keine moralischen Forderungen, die Paulus hier aufstellt. Vielmehr will er beschreiben, was die Liebe als die Kraft, die dem Menschen geschenkt ist, in ihm bewirkt. Sie ist eine revolutionäre Kraft. Das wird deutlich in den Worten: »Die Liebe erträgt alles, glaubt alles, hofft alles, hält allem stand« (1 Kor 13,7). Sie ist die Kraft, die den Umwälzungsprozess einer Revolution erträgt, die trotz aller Rückschläge vertraut und auf ein Besserwerden hofft, und die allem standhält, was sich der Umwandlung in den Weg stellt.

Paulus schreibt diesen Text im bewussten oder unbewussten Gespräch mit der damaligen Philosophie. Paulus war nicht nur in der jüdischen Theologie, sondern auch in der griechischen Philosophie gebildet. Seine Briefe lassen darauf schließen, dass er vor allem die stoische Philosophie gut kannte. Und er wollte, dass die Christen die ethischen Forderungen der stoischen Philosophie durch ihren Lebenswandel übertrafen. So schreibt er an die Philipper, eine griechische Gemeinde: »Was immer wahrhaft, edel, recht, was lauter, liebenswert, ansprechend ist, was Tugend heißt und lobenswert ist, darauf seid bedacht!« (Phil 4,8). Das ist eine Zusammenfassung dessen, was die stoische Philosophie von ihren Anhängern erwartet. Doch in seinem Hohelied der Liebe bezieht sich Paulus weniger auf deren ethische Dimension. Er beschreibt sie vielmehr – ähnlich wie griechische Philosophen – als eine eigene Macht, als eine Quelle, aus der der Mensch schöpft, als eine Kraft, die den Menschen antreibt.

Sein Text über die Liebe erinnert an philosophische Texte aus der damaligen Zeit über das Geheimnis der Liebe. So besingt Platon, der wohl größte griechische Philosoph, sie als eine Macht, die im Menschen vieles vermag: »So, mein Phaidros, erscheint mir der Eros: vor allem er selbst der Schönste und Beste, um dann allen anderen eben diese Gabe zu spenden. Es kommt mich an, auch in Versen von ihm zu sprechen; er ist es, der da schafft Frieden unter den Menschen und reglose Glätte dem Meere, zauberisch Schweigen in Stürmen und leidlos ruhigen Schlummer. Er befreit uns von der Fremdheit; macht uns reich an Vertrautheit« (zit. nach Conzelmann, Der erste Korintherbrief, 259).

Noch näher kommt dem Hohelied des Paulus ein Text von Maximus von Tyrus, einem Rhetoriker und Philosophen: »Die Liebe hasst nichts so sehr wie Zwang und Furcht.

Und sie ist stolz und vollkommen frei und freier sogar als Sparta. Denn von allem unter den Menschen ist es allein die Liebe, wenn sie rein bei jemandem wohnt, die keinen Reichtum bestaunt, keinen Tyrannen fürchtet, vor keinem Thron erschrickt, kein Gericht scheut, nicht flieht vor dem Tod. Keine Bestie schreckt sie, kein Feuer, kein Abgrund, kein Meer, kein Schwert, kein Strick. Sondern sogar das Unpassierbare ist ihr passierbar und das Mächtige bezwingbar und das Schreckliche annehmbar und das Schwere tragbar. ... Überall wagt sie, alles überblickt sie, alles beherrscht sie« (zit. nach Conzelmann 260).

In beiden Texten wird die Liebe als Gabe Gottes verstanden, die das Leben des Menschen prägt und ihm einen neuen »Geschmack« gibt. Wer von der Liebe erfüllt ist, dem können die Turbulenzen des Lebens nichts anhaben. Er verliert das Gefühl der inneren Entfremdung. Er kommt mit sich selbst in Berührung, spürt seine eigene Mitte. Platon spricht in Bildern von der Liebe: Sie schenkt Frieden zwischen den Menschen und bringt uns mitten in den Turbulenzen dieser Welt mit dem inneren Raum der Stille in Berührung. Die Liebe eröffnet in unserem Herzen einen Raum, in dem wir Ruhe finden. Sie bringt uns in Berührung mit unserem wahren Wesen, macht uns vertraut mit uns selbst, mit dem inneren und ursprünglichen Bild, das Gott sich von uns gemacht hat.

Bei Maximus von Tyrus erscheint die Liebe als Kraft und Macht, der nichts in der Welt widerstehen kann. Obwohl die Liebe keine Waffen hat, fürchten sich Tyrannen vor ihr. Dieses Thema taucht bei griechischen Schriftstellern immer wieder auf. So heißt es in den anakreontischen Liedern: »Weder Kavallerie noch Infanterie, noch die Marine hat mich vernichtet, nein, es war eine andere neue Streitmacht, die mich niedergestreckt allein mit den Augen.« Die Liebe findet einen Weg zum anderen Menschen, der sonst verschlossen wäre. Die Liebe hat also eine revolutionäre Kraft, die stärker ist als die Waffen des Krieges. Sie kann Kriege beenden. Dieses Vertrauen in die revolutionäre Kraft der Liebe möchten uns die Texte der griechischen Philosophen vermitteln, genauso wie das Hohelied der Liebe, das Paulus schrieb. Die enge Verbindung zwischen dem Text des Paulus und des Maximus wird deutlich am Schluss ihres Loblieds auf die Liebe: Maximus beendet seinen Text mit einem dreifachen »alles« bzw. »überall«. Paulus greift das auf und schließt seinen Hymnus auf die Liebe mit ähnlichen Worten: »Sie erträgt alles, glaubt alles, hofft alles, hält allem stand« (1 Kor 13,7).

Platon beschreibt sein Verständnis der Liebe, indem er verschiedene Freunde, die er zum Mahl geladen hat, zu Wort kommen lässt. Da ist zunächst Eryximachos. Er sieht die Liebe gleichsam als kosmische Kraft. Das griechische

Wort für Liebe, *eros*, bezieht sich nicht nur auf die Liebe zwischen Mann und Frau, sondern ist als Kraft zu verstehen, die die ganze belebte und unbelebte Natur durchdringt und in allem Harmonie hervorruft. Die Liebe ist das Seinsgesetz. Sie führt alles zusammen und möchte alle Gegensätze des Lebens, sei es in der belebten oder unbelebten Natur, zum Einklang, zur Harmonie bringen. Dieses Verständnis von Liebe ist für eine ökologische Spiritualität wichtig: Die Liebe ist die Macht, die den ganzen Kosmos durchdringt. Sie schafft Verbundenheit in der Welt. Die heutige Evolutionslehre geht nicht mehr wie ihr Erfinder Darwin vom Überleben des am besten Angepassten aus, sondern davon, dass die Lebewesen, die sich verbunden fühlten, überlebten. Die Liebe ist also die treibende Kraft der Evolution. Boff sagt von dieser kosmischen Liebe: »Die Liebe ist die große, einigende und integrierende Kraft des Universums« (Boff 369). Sie verbindet auch uns mit dem ganzen Kosmos.

Aristophanes, ein antiker Dichter und anderer Teilnehmer am Symposium des Platon, erkennt in der Liebe die Seinsstruktur des Menschen. Er erzählt den Mythos, dass ursprünglich Mann und Frau kugelförmig waren und zusammen ein Wesen bildeten. Da Zeus Angst hatte, diese Übermenschen könnten den Göttern gefährlich werden, ließ er sie auseinanderschneiden. Daraus entstand der Eros als die Sehnsucht der einen nach ihrer ursprünglichen zweiten Hälfte. Platon deutet nun diesen Mythos so, dass die Liebe vom Ursprung her zum Menschen gehört. »Begegnet er seiner ursprünglichen Hälfte in glücklicher Liebe, so begegnet er seinem eigenen Selbst und bejaht es« (Hirschberger 34). Die Liebe führt den Menschen also zu seinem wahren Selbst.

Was Platon selbst über den Eros denkt, entfaltet er in der Rede, die er Sokrates, seinem Lehrer, in den Mund legt. Für Sokrates ist Eros kein Gott, sondern ein Mittelwesen zwischen Gott und Mensch. Der Eros will den Menschen mit dem Guten in Berührung bringen. Und er ist die Kraft, die das Schöne zeugt. Die Menschen tragen – so meint Platon – im Eros eine Zeugungskraft in sich, sowohl dem Körper als auch der Seele nach. Die Zeugungskraft des Körpers vereinigt sich mit dem Körper der Frau und zeugt so immer wieder ein Neues. Dadurch hat der sterbliche Mensch Anteil am Unsterblichen.

Aber auch die Seele zeugt Erkenntnis und geistige Werte. Dichtern, Künstlern und Philosophen geht es nicht mehr nur um die Schönheit einzelner Körper, sondern um die Schau der Schönheit an sich. Die Liebe steigt von den konkreten schönen Körpern zum Urschönen auf, das allen Dingen zugrunde liegt. Das höchste Glück des Menschen besteht darin, das Urschöne zu schauen.

Hier wird ein wichtiger Zusammenhang zwischen Liebe und Schönheit hergestellt. Das deutsche Wort »schön« hat seine Wurzel im Wort »schauen«. Wenn ich mich liebevoll anschaue, bin ich schön. Und wenn ich einen anderen liebevoll anschaue, ist er für mich schön. Hässlich ist nur der, der sich selbst hasst. Wer andere hasst, macht sie hässlich. »Schönheit«, so sagt der russische Dichter Dostojewski, »wird die Welt retten.« Indem wir in der Liebe die Schönheit der Welt schauen, gehen wir auch behutsam mit ihr um. Dann schonen wir die Welt. Denn das Wort »schön« leitet sich nicht nur von »schauen«, sondern auch von »schonen« ab. Die Liebe führt zu einem schonenden Umgang mit der Welt und erkennt gerade darin ihre Schönheit.

Platon versteht den Eros als die mächtige Kraft, die das Getrennte miteinander verbindet. Er ist der Drang nach Vereinigung. Das ist auch für uns das Wesen der Liebe: Sie verbindet das, was gespalten ist. Sie bringt die divergierenden Kräfte des Kosmos zusammen und sie verbindet die Menschen miteinander. Teilhard de Chardin, der französische Jesuit und Philosoph, hat diese Sicht der Liebe in unsere Zeit hinein übersetzt. Er spricht von »Amorisation«. Die ganze Welt, auch die unbelebte, ist von der Liebe Christi durchdrungen. Teilhard de Chardin interpretiert die Öffnung der Seite Jesu am Kreuz so, dass aus seinem Herzen seine göttliche Liebe zu allen Menschen und in den ganzen Kosmos fließt und alles mit Liebe durchdringt. So begegnen wir heute überall der Liebe Jesu, in den Menschen und in der Natur.

Was Paulus und Platon von der Liebe als Macht dachten, haben die Kirchenväter weiter entfaltet. Manche moderne Exegeten – vor allem evangelische – sehen einen Gegensatz zwischen der *Agape* als der reinen Gottesliebe und dem *Eros* als der begehrenden Liebe. Doch die Kirchenväter möchten den Gegensatz zwischen beiden überbrücken. Sie sprechen nicht nur von der *Agape* (lateinisch: *caritas* oder *dilectio*) Gottes, sondern vom *Eros* (lateinisch: *amor*), der Gottes Liebe zu uns Menschen prägt. Origenes kann die Definition des Johannes, »Gott ist Agape«, umformen in: »Gott ist Eros«. Gott liebt die Menschen leidenschaftlich. Und auch unsere Liebe zu Gott soll von der Glut des Eros geprägt sein.

Für mich ist das nicht einfach nur Theologiegeschichte. Vielmehr sehe ich darin den Versuch, die von Gott geschenkte Liebe, die durch den Heiligen Geist in uns wirkt, mit der natürlichen Liebe und mit der Kraft des Eros zu verbinden. Ohne Eros wird unsere Liebe farblos. Ohne Eros hätte unsere Liebe nicht die Kraft, das Getrennte miteinander zu verbinden. Es braucht die Leidenschaft des Eros, damit in unserer Welt politische und gesellschaftliche Spaltungen überwunden werden. Es braucht die Leidenschaft des Eros, damit wir achtsam mit der Schöpfung umgehen und sie in eine gute Zukunft führen. Die Liebe ist nicht nur etwas Sanftes und Kraftloses, sondern der leidenschaftliche Drang zur Vereinigung, so wie ihn die griechische Mythologie im Eros gesehen hat.

Für Platon ist die Liebe eine göttliche Kraft, die das ganze Sein der Welt durchdringt und dazu führt, dass die Welt nicht auseinanderfällt, sondern sich das Getrennte immer wieder miteinander verbindet. Diese Lehre Platons hat in unserer Zeit vor allem Gabriel Marcel wieder aufgegriffen. Für den französischen Philosophen ist Liebe mit dem Sein identisch. Die Liebe ist der Urgrund allen Seins. Sie ist in allem präsent. Die Liebe ist auch der Grund des menschlichen Seins. Das bedeutet nicht nur, »dass jeder alles aus der Liebe empfängt, sondern auch, dass jeder alles, was er ist und hat, erst und allein liebend ganz innehat, während ohne Liebe ihm alles entgleitet und er zuletzt vor dem Nichts steht« (Lotz 24).

Die Liebe ist im Sinn von Gabriel Marcel der Grund unserer menschlichen Existenz. Ohne sie finden wir nicht zu unserem wahren Selbst. Wir gewinnen das, was Gott uns geschenkt hat, erst in der Liebe. Ob es die Liebe in der Ehe oder in der Freundschaft ist oder die Liebe Gottes zu uns oder unsere Liebe zu Gott – in allem erfahren wir etwas von der Liebe als Sein, die alles vollendet und ganz macht. Gabriel Marcel kennt die Unterscheidung zwischen Sein und Haben, die dann später Erich Fromm für seine »Kunst des Liebens« wieder aufgegriffen hat. Wer die Existenzweise des Seins verwirklicht, der hat teil an der Liebe. Denn Sein und Liebe sind eins. Ich kann Liebe nicht einfach »haben« wie einen Besitz. Vielmehr geht es darum, Liebe zu sein und durch die Liebe ein neues Sein zu erfahren. Wer sich in der Liebe für den anderen öffnet, der hat teil am absoluten Sein als Liebe. Er erfährt sich »in der Gegenwart des Lichtes, in der Fülle des Seins« (Scherer 130).

Menschen, die einander lieben, berühren in ihrer Gegenseitigkeit das Ewige. Und die Liebe ist die Kraft, die den Tod überwindet, die stärker ist als der Tod. Gabriel Marcel meint, Liebe bedeute, zum Geliebten zu sagen: »Du, du wirst nicht sterben.« Wir werden auch im Tod nicht aus der Liebe fallen. Im Gegenteil, im Tod werden wir die Liebe in ihrer reinen Form, in ihrem reinen Sein erfahren.

Wenn ich in der Meditation in den inneren Raum der Stille vorstoße, so ist das für mich immer auch ein Raum, der von Liebe erfüllt ist. Als ich mit einer buddhistischen Nonne und Zenmeisterin über die Erfahrungen bei der Meditation sprach, sagte ich ihr: Ich meditiere mit dem Jesusgebet und das führt mich in den reinen Raum des Schweigens, jenseits aller Worte. Aber dieser Raum des Schweigens ist für mich ein Raum der Liebe. Da meinte sie, Liebe sei für sie zu anstrengend. Für sie sei es ein Raum der Leere. Darauf antwortete ich, Leere sei mir zu kalt. Als wir uns dann darüber intensiver austauschten, kamen wir uns wieder näher, denn sie dachte bei dem Wort Liebe sofort an die emotionale und erotische Liebe zwischen Mann und Frau. Für mich ist Liebe hier aber eine Qualität des Seins, der Grund allen Seins. Leere ist für die Buddhisten dagegen nicht nur kalt. Sie ist durchaus auch erfüllt von Mitgefühl. Es ist nur eine Leere von Gedanken und Überlegungen und Emotionen. Bevor wir moralisierend davon sprechen, dass wir einander lieben sollen, sollten wir zuerst einmal in den inneren Raum der Stille eintauchen, in dem die Quelle der Liebe in uns strömt. Es ist ein Raum, der voll ist von Liebe. Und diese Liebe auf dem Grund unserer Seele verbindet uns mit der Liebe, die die ganze Schöpfung durchdringt.

Transparenz – Transzendenz und Immanenz

Gott transzendiert alle endliche Wirklichkeit. Er übersteigt alles, was wir hier mit unseren Sinnen wahrnehmen. Doch wenn wir nur von der Transzendenz Gottes sprechen, ohne seine Immanenz zu betonen, dann wird unser Glaube zu einer Weltflucht. Auf der einen Seite ist Gott also der transzendente Gott, der alles Sichtbare und Erfahrbare übersteigt. Auf der anderen Seite ist er auch in allen Dingen. Und wir finden in ihn allem, was ist.

Was von Gott gilt, gilt auch vom Menschen. Wenn wir Gott erfahren wollen, müssen wir die Welt transzendieren. Wir müssen alles Sichtbare hinter uns lassen, um das Unsichtbare wahrzunehmen. Doch zugleich erfahren wir Gott auch als den Grund allen Seins. Gott ist in allem, er durchdringt alles. Der Verfasser der Apostelgeschichte hat das in der berühmten Rede des Paulus auf dem Areopag in Worten ausgedrückt, die auch die griechischen Philosophen verstehen konnten: »In ihm leben wir, bewegen wir uns und sind wir, wie auch einige von euren Dichtern gesagt haben: Wir sind von seiner Art« (Apg 17,28). Gott ist in allem und wir bewegen uns in Gott, weil in allem, was uns umgibt, Gott selbst uns einhüllt mit seiner Gegenwart.

Augustinus hat die Frage der Transzendenz umgetrieben. Von seiner platonischen Prägung her trennt er die veränderliche Erscheinungswelt von der Welt der Ideen, die der Erscheinungswelt zugrunde liegen und sie doch übersteigen. Doch Augustinus kreist immer um die Spannung von Transzendenz und Geschichte. Der transzendente Gott ist auch der Gott, der die Geschichte prägt. Augustinus geht von der äußeren Transzendenz hin zur inneren Transzendenz: Der Geist des Menschen hat nicht nur eine Beziehung zum Absoluten, das alle irdische Wirklichkeit übersteigt. Er kehrt auch in sich zurück, in den Grund der eigenen Seele. Diesen Weg nach innen nennt Augustinus »Überstieg« der Seele zu ihrem eigenen Grund. Gott ist der Seele innerlicher als diese sich selbst ist. So sagt Augustinus: »Wolle nicht nach außen gehen, in dich selbst geh zurück. Im inneren Menschen wohnt die Wahrheit!« (vera religio 39,72, zitiert in: Aufstieg zu Gott 97). Und in dieser Wahrheit wohnt Gott. In seinem Buch »Bekenntnisse« spricht Augustinus diesen Gott an: »Du aber (mein Gott) warst noch innerer als mein Innerstes und höher noch als mein Höchstes« (Confessiones III 6,11, zitiert in: Aufstieg zu Gott 97). Das ganze Streben des Augustinus geht dahin, alles Sichtbare, auch die eigenen

Gefühle und Gedanken, zu übersteigen, um in jenen inneren Raum zu gelangen, in dem Gott selbst wohnt. Doch von diesem inneren Raum sagt er, dass es kein Ort sei. Wir können ihn nur so benennen. Gott wohnt an keinem Ort, er ist ortlos. In den »Bekenntnissen« fragt Augustinus Gott: »Wo also fand ich dich, um dich kennenzulernen? Denn in meinem Gedächtnis warst du noch nicht, bevor ich dich erlernte. Wo also fand ich dich, um dich zu erlernen, wenn nicht in dir selbst, oberhalb meiner? Und nirgends ein Ort; wir entfernen uns, wir nähern uns wieder; aber nirgends ein Ort. O Wahrheit, überall waltest du für alle, die Dich um Rat fragen« (Confessiones XXVI, 37, Bekenntnisse 265).

All diese Gedanken zur Transzendenz Gottes erscheinen uns wie eine Weltflucht. Doch das Gegenteil ist der Fall: Augustinus findet Gott in der Schönheit der Welt. Die Schönheit Gottes hat sich in die Welt hinein ergossen. Und so betrachtet Augustinus sie mit den Augen des Glaubens. Dann erkennt er in allem Gott. Gott wohnt allen Dingen inne (*Deus interior omni re*). Und doch weisen diese über sich selbst hinaus auf den Gott, der jenseits aller Dinge ist. Augustinus beschreibt dieses transzendierende Durchschreiten der Welt auf ihre innere Schönheit hin in den »Bekenntnissen«: »Wir durchschritten stufenweise die ganze Welt, Himmel, Erde, Sonne, Mond, Sterne, Weiden der Wahrheit, Vergangenes und Zukünftiges, Gewässer, Pole der Welt, Seele, Träume, Verkündigungen der Einbildungskraft, Sprache, Zunge des Fleisches, Stimme der Engel, Donner der Wolken, Rätsel des Geheimnisses – und wir berührten Gott leise mit dem vollen Aufschwung unseres Herzens« (Confessiones IX, 10,24f, zitiert in: Aufstieg zu Gott 104).

Gott ist für Augustinus die Herausforderung, sich selbst und die Welt zu transzendieren und zugleich ganz tief in die Welt und in das eigene Innere einzutauchen, um im Innersten der Seele und in allen Dingen dieser Welt Gott zu erkennen als den, der unsere tiefste Sehnsucht allein zu erfüllen vermag. Unsere Sehnsucht wird von der Schönheit der Welt in all ihren Facetten entflammt. Aber sie geht über die Welt hinaus. Indem wir mit der Sehnsucht in Berührung sind, sind wir auch mit unserer Seele in Berührung. So ist der Mensch von seinem Wesen her einer, der ganz in der Welt lebt und sich auf diese Welt einlässt, sie zugleich aber in seiner Sehnsucht übersteigt auf Gott hin und auf das Innerste des Geistes hin, in dem Gott in ihm wohnt, innerlicher als er sich selbst innerlich ist.

Auch wenn mich die Gedanken des Augustinus über die Transzendenz faszinieren, so würde ich heute doch mehr die Immanenz Gottes betonen. Gott ist in allem, was ist, in der Materie, in den Pflanzen, in den Tieren und im Menschen. Gott ist der Grund allen Seins. Die Theologie nennt das Panentheismus. Er unterscheidet sich vom Pantheismus, der davon ausgeht, alles sei identisch mit Gott. Der Panentheismus dagegen identifiziert nicht die Natur mit Gott, sondern glaubt, dass Gott in allem ist. Aber dennoch ist Gott unterschieden von allem.

Wenn ich eine Antwort auf die Aussagen des Augustinus geben wollte, würde ich als wichtigstes Ziel meines Lebens nicht nennen, dass ich diese Welt transzendiere, sondern dass ich durchlässig werde für den Geist Jesu. Es geht mir um Transparenz, dass aus meinen Worten, aus meinem Handeln, ja aus meinem ganzen Leib die Liebe Jesu durchscheint. Für mich ist das Wort Jesu vom Auge als Licht ein Bild für die Transparenz geworden. Jesus sagt: »Dein Auge gibt dem Körper Licht. Wenn dein Auge gesund (griech. *haplous* = einfach) ist, dann wird auch dein ganzer Körper hell sein. Wenn es aber krank (griech. *poneros* = böse) ist, dann wird dein Körper finster sein. Achte also darauf, dass in dir statt Licht nicht Finsternis ist. Wenn dein ganzer Körper von Licht erfüllt und nichts Finsteres in ihm ist, dann wird er so hell sein, wie wenn die Lampe dich mit ihrem Schein beleuchtet« (Lk 11,34–36). Ob ich transparent bin für den Geist Jesu, für sein Licht, für seine Liebe, das wird an meinen Augen sichtbar: Wenn sie Licht, Liebe, Güte, Barmherzigkeit ausstrahlen, dann strahlt durch sie Jesu Liebe in die

Welt. Und ich verwandle diese Welt durch die Liebe Jesu, die durch meinen Leib hindurch ausstrahlt auf meine Umgebung – nicht nur auf die Menschen, sondern auch auf die Natur, die mich umgibt. Thomas von Celano, ein franziskanischer Chronist des 13. Jahrhunderts, hat die Wirkung der Liebe, die von Franziskus ausgeht, auf die Natur beobachtet: »Und sicherlich war es wunderbar, dass selbst die unvernünftigen Geschöpfe seine herrliche Zuneigung erkannten, die der Heilige gegen sie hegte, und seine zärtliche Liebe ahnten« (zit. nach Boff 371). Es ist eine Erfahrung, die auch unser früherer Abt Fidelis Ruppert machen konnte, als er sich für einige Tage in den Urwald in Peru zurückzog. Er spürte: Wenn ich im Frieden bin mit mir selbst, wenn in mir die Liebe Jesu aufscheint und durchscheint, dann bin ich im Frieden mit der Schöpfung. Dann geht von den wilden Tieren keine Gefahr aus. Die Legende vom Wolf von Gubbio, der Franziskus friedlich folgte, kann durchaus der Wirklichkeit entsprechen: Wilde Tiere spüren, wenn Menschen etwas vom Geist Jesu ausstrahlen. Dann entsteht eine Einheit zwischen Kosmos und Mensch.

Doch nicht nur der Mensch ist transparent für Gott, sondern der ganze Kosmos. Teilhard de Chardin, der französische Mystiker und Naturforscher, spricht nicht nur von der Transparenz des Kosmos für die göttliche Liebe, sondern er prägt den Begriff der Diaphanie: Er versteht darunter das

Durchscheinen Gottes im Universum. Gottes Liebe scheint durch alles hindurch, durch die Materie, durch die Pflanzen, Tiere und Menschen. Teilhard vertritt eine kosmische Mystik. Sie beginnt beim »Leuchten der Materie, unmerklich übergehend in das Gold des Geistes, um sich schließlich in die Glut eines Universal-Personalen zu verwandeln; – all das durchwirkt, beseelt, erfüllt von einem Atem der Einigung – und des Weiblichen. Das habe ich im Kontakt mit der Erde erfahren: das Durchscheinen des Göttlichen im Herzen des brennenden Universums« (Teilhard, Das Herz 28). Teilhard de Chardin war in seiner Jugend geprägt von der Herz-Jesu-Frömmigkeit seiner Mutter. Aber er verwandelt später diese Frömmigkeit, indem er sie auf den Kosmos bezieht. Das Herz Jesu war schon für den jungen Teilhard das Feuer, das fähig ist, »alles zu durchdringen, sich in was auch immer zu verwandeln, ... in das kosmische Milieu einzudringen, um es zu amorisieren« (Herz 67). Er spricht davon, dass der ganze Kosmos von der Liebe Christi durchdrungen ist und transparent ist für diese Liebe. Aber er spricht auch von der Liebe, mit der wir den Kosmos lieben sollen. Die Liebe, die wir zum Kosmos haben, transformiert diesen immer mehr in Christus hinein, sie verbindet »in einem Prozess der Vergöttlichung alle bewegenden Leidenschaften der Erde« (ebd. 78).

Teilhard de Chardin ersetzt den biblischen Begriff der Epiphanie – das Erscheinen von Gottes Herrlichkeit in unserer Welt in Jesus Christus – durch den Begriff der Diaphanie: Die ganze Welt ist von der Liebe Christi durchdrungen. Daher ist Mystik nichts anderes, als diese Welt mit anderen Augen anzuschauen. Schon Evagrius Ponticus hatte von der *theoria physike* geschrieben, von der »Kontemplation der Welt«. Eine Form der Mystik war bereits bei den frühen Mönchen, dass sie die Welt so meditierten, dass sie in allem Gott erkannten. Evagrius spricht von der *gnosis ton onton alethes*. Man könnte es übersetzen mit: »Schau der Wesenheit aller Dinge«. Ich schaue den Kosmos so an, dass er für mich durchscheinend wird für den Urgrund, letztlich für Gott, für die Liebe, die das Wesen Gottes ist.

Schlussbetrachtung: Liebe – Ursprung und Grund der ganzen Schöpfung

Meine Spiritualität hat vor allem den einzelnen Menschen im Blick. Es ist eine mystische Spiritualität, die darin gipfelt, dass Gott in uns wohnt, in uns geboren wird, und dass in uns ein Raum der Stille ist, in dem das Reich Gottes in uns ist, in dem Gott in uns herrscht. Durch die Begegnung mit den Schriften von Leonardo Boff ist mir jedoch deutlich geworden, dass ich meinen Blick erweitern muss. Ich habe immer schon von meiner Beziehung zur Natur geschrieben, dass ich achtsam mit ihr umgehe und eine spirituelle Beziehung zur ihr entwickle, indem ich die Schönheit Gottes in der Natur bewundere und davor ehrfürchtig zurücktrete. Die Schönheit ist mir eine wichtige Spur Gottes geworden. In der Schönheit der Schöpfung schaue ich Gott.

Doch nun ist mir deutlich geworden, dass ich mich nicht nur als Gegenüber der Natur sehen darf, sondern als ein Mensch, der in seinem Wesen zutiefst eins ist mit dem Kosmos. Und alles, was in mir geschieht, hat Auswirkungen auf den Kosmos. Wir können heute nicht von Spiritualität schreiben, wenn wir nicht auch die innere Einheit mit dem Kosmos berücksichtigen.

So hoffe ich, dass meine Gedanken, die sich auf das Einwohnen Gottes in jedem Menschen beziehen, offen sind für die Sichtweise, die Leonardo Boff mit der Diaphanie des Kosmos beschreibt, das Durchscheinen von Gottes Schönheit und Liebe durch alles, was ist. Wenn ich auf dem Grund meiner Seele Gott entdecke, der in mir wohnt, so fühle ich mich dort immer schon eins mit dem Grund allen Seins, mit dem Kosmos. Und in der Einheit mit Gott erfahre ich immer schon den Gott, der als Liebe der Ursprung und der Grund des ganzen Kosmos ist.

Literatur

Aurelius Augustinus, Die Bekenntnisse, übersetzt von Hans Urs von Balthasar, Einsiedeln 2002.

Aurelius Augustinus, Aufstieg zu Gott, herausgegeben und übersetzt von Ladislaus Boros, Olten 1982.

Leonardo Boff/Mark Hathaway, Befreite Schöpfung. Kosmologie – Ökologie – Spiritualität, Kevelaer 2016.

Mary T. Clark, Die Dreieinigkeit in der lateinischen Christenheit, in: Bernard McGuinn, Geschichte der christlichen Spiritualität, 1. Band, Würzburg 1993, 285–298.

Hans Conzelmann, Der erste Brief an die Korinther, Göttingen 1969.

Alfred Delp, Gesammelte Schriften, Band 4, Frankfurt 1984.

Meister Eckhart, Einheit mit Gott, hg. von Dietmar Mieth, Düsseldorf 2002. (abgekürzt mit: Mieth…)

Evagrius Ponticus, Praktikos. Über das Gebet, Münsterschwarzach 1986.

Johannes Hirschberger, Der platonische Eros, in: Was heißt Liebe? Zur Tradition eines Begriffes, hg. von der Rabanus-Maurus-Akademie, Frankfurt 1982, 30–46.

C.G. *Jung*, Gesammelte Werke, Band 5, Olten 1973.
C.G. *Jung*, Gesammelte Werke, Band 11, Zürich 1963.
Johannes B. *Lotz*, Die Liebe als Herausforderung des Menschen, in: Was heißt Liebe? Zur Tradition eines Begriffes, hg. Von der Rabanus-Maurus-Akademie, Frankfurt 1982, 9–29.
Hugo Rahner, Die Gottesgeburt. Die Lehre der Kirchenväter von der Geburt Christi im Herzen des Gläubigen, in: Zeitschrift für katholische Theologie, 59. Band 1935, 333–418.
Kurt Ruh, Geschichte der abendländischen Mystik, Band I, München 1990.
Georg Scherer, Die Liebe im Denken Gabriel Marcels, in: Was heißt Liebe? Zur Tradition eines Begriffes, hg. von der Rabanus-Maurus-Akademie, Frankfurt 1982, 112–133.
Pierre Teilhard de Chardin, Das Herz der Materie, Olten 1990.

Teil II
Das Göttliche in uns und im Universum

Die modernen Wissenschaften zeigen uns in Bezug auf das Universum, die Erde und das Leben das Bild einer sich stetig weiterentwickelnden, sich ausdehnenden, komplexer werdenden, sich selbst erschaffenden Welt. Das führt uns zu der interessanten Frage: Wie kann das Heilige diese Wirklichkeit durchdringen, und nicht zuletzt: Wie kann Gott selbst inmitten dieses unermesslichen, nicht abgeschlossenen Prozesses sichtbar werden?

Um diese Frage zu beantworten, müssen wir die gesicherten Fakten dieser Wissenschaften zusammentragen, denn sie werden die Grundlage für unsere Überlegungen bilden.

Die verschiedenen Phasen der Entstehung des Universums

Die Wissenschaftler sind sich heute weitestgehend darüber einig, dass alles mit einer gewaltigen Explosion, dem sogenannten Urknall, begonnen hat. Das ging geräuschlos vonstatten, da es weder Raum noch Zeit gab, in denen das Dröhnen widerhallen konnte. Aus diesem einzigartigen Ereignis entstand das Universum. Um zu seiner heutigen Form zu gelangen, musste es verschiedene Phasen durchlaufen, die ich hier kurz als Momentaufnahmen in der Geschichte des Planeten skizzieren werde.

Der kosmische Moment

Am Anfang schwoll ein winziger, unvorstellbar heißer Punkt voller Energie und Möglichkeiten in einem bestimmten Moment an und explodierte anschließend. So entstand ein anfängliches Chaos: ungeheure Instabilität und eine immense Unordnung. Doch dieses Chaos war nicht chaotisch im heutigen Sinn. Es war vielmehr ein generatives Chaos: Aus ihm entstanden alle geordneten Dinge, denn ihm wohnten alle Kräfte und Möglichkeiten künftiger Schöpfung inne. Nach dem Urknall begann die Ausdehnung, in deren Verlauf sich die ursprüngliche Unordnung durch immer komplexer werdende Formen ordnete. Das ist der kosmische Moment des Werdens unserer Welt.

Der chemische Moment

Darauf folgte der chemische Moment: Die ursprünglichen Gase verdichteten sich und ließen große rote Sterne entstehen. Inmitten dieser Sterne haben sich in Milliarden Jahren alle wichtigen physisch-chemischen Elemente herauskristallisiert, die die Materie aller Körper des Universums bilden, auch unserer menschlichen, und für das Leben von grundlegender Bedeutung sind. Ohne Kohlenstoff, Wasserstoff, Sauerstoff, Stickstoff, Eisen, Phosphor, Schwefel und alle anderen Elemente im Periodensystem kann es kein Leben geben. Viele dieser Grundelemente bewegen sich noch immer im interstellaren Raum.

In dieser Zeit entstand ein sehr empfindliches Gleichgewicht der vier Grundkräfte (der Gravitationskraft, des Elektromagnetismus, der schwachen und der starken Kernkraft) – andernfalls wäre das Universum, wie wir es heute kennen, nie entstanden. In seinem Werk »Die illustrierte kurze Geschichte der Zeit« (1988) schreibt der berühmte Mathematiker und Astrophysiker Stephen Hawking es so: »Wäre die elektrische Ladung des Elektrons nur ein wenig von ihrem tatsächlichen Wert abgewichen, wären die Sterne entweder nicht in der Lage gewesen, Wasserstoff und Helium zu verbrennen oder sie wären nicht explodiert ... Warum das Universum gerade auf diese Weise angefangen haben sollte, wäre sehr schwer zu erklären, ohne das Eingreifen eines Gottes anzunehmen, der beabsichtigt hätte, Wesen wie uns zu schaffen« (*Die illustrierte kurze Geschichte der Zeit*). Francis Collins, Direktor des Humangenomprojekts, bestätigt: »Der Urknall schreit nach einer göttlichen Erklärung. Er erzwingt die Schlussfolgerung, dass die Natur einen klar definierten Anfang hat« (*Gott und die Gene. Ein Naturwissenschaftler entschlüsselt die Sprache Gottes*). Das ist der chemische Moment der Entstehung unseres Universums.

Der biologische Moment

Erst eine ganze Weile später in der Evolution folgte der biologische Moment: Aus der Explosion der gigantischen roten Sterne, die ihre Elemente in alle Richtungen schleuderten, gingen die Galaxien, die Sterne und andere Himmelkörper hervor. Die Materie und die Energiefelder wurden immer komplexer, und daraus entwickelte sich vor 3,8 Milliarden Jahren als kosmischer Imperativ das Leben als Selbstorganisation der Materie (die niemals materiell, sondern stets interaktiv ist, da sie aus stark kondensierter Energie besteht).

Der anthropologische Moment

Der *anthropologische Moment* gleicht in der Geschichte des Lebens eher einem Unterkapitel: das menschliche Leben als Ausdruck einer fortgeschrittenen Komplexität der Evolution. Dies geschah vor sieben Millionen Jahren mit dem Erscheinen unserer Vorfahren, der Anthropoiden. Vor hunderttausend Jahren betrat der heutige Mensch die Bühne der Weltgeschichte, der *Homo sapiens*, der sich durch ein reflektierendes Bewusstsein, durch den Geist, die Freiheit und die Selbstschöpfung auszeichnet sowie dadurch, dass er Gott zu seinem Thema machte.

Diese Art von Mensch lebte etwa drei Millionen Jahre lang in Afrika – deshalb sind wir alle Afrikaner. Schließlich verstärkten sie die Komplexität noch, indem sie sich über die gesamte Erde ausbreiteten, alle Räume besetzten, sich an die Ökosysteme anpassten und sie veränderten und indem sie Dörfer, Städte und ganz unterschiedliche Kulturformen hervorbrachten.

Der Moment der Geogesellschaft

Heute erleben wir in der Geschichte unseres Planeten den *Moment der Geogesellschaft*, also den Aufbau einer einzigen großen Weltgesellschaft, die im selben gemeinsamen Haus wohnt: dem Planeten Erde. Dieser gewaltige Prozess entwickelt sich vor allem über das weit gespannte Kommunikationsnetz. Gerade darin kommt uns deutlich zu Bewusstsein, dass Erde und Menschheit eine Schicksalsgemeinschaft bilden. Wir erleben also den Moment der Globalisierung. Das meint: nicht mehr das Zeitalter der Nationen, sondern das Zeitalter der Erde.

Der Moment des Ökozoikums

Der Moment des *Ökozoikums* hat erst vor Kurzem begonnen; den Begriff haben der Kosmologe Brian Swimme und der Anthropologe Thomas Berry (1914–2009) eingeführt. Sie gehen dabei von der Feststellung aus, dass unser kollektives Verantwortungsgefühl für die Zukunft des Systems Leben und des Systems Erde immer größer wird. Die Ökologie, also der Erhalt der physisch-chemischen und ökologischen Bedingungen, die das Leben und unseren Zivilisationsentwurf ermöglichen, rückt immer mehr in den Mittelpunkt. Das ist der Moment des Ökozoikums, die aktuelle Phase unserer Geschichte.

Letztlich werden wir uns bewusst, dass wir Teil eines universellen Prozesses sind – universell in dem Sinn, dass er nicht nur die Erde und das Sonnensystem betrifft, sondern das gesamte Universum.

Alles im Universum ist Beziehung und miteinander verbunden

In uns wächst das Bewusstsein, dass wir es mit einem dynamischen, organischen Ganzen zu tun haben, das ein offenes System bildet. Nichts ist in seiner Entstehung abgeschlossen, alles befindet sich noch immer im Werden. Deshalb spreche ich lieber von Kosmogenese als von Kosmos, lieber von Anthropogenese als von Anthropologie.

Die Evolution verläuft nicht linear, es gibt immer wieder Brüche und Sprünge in komplexere und höhere Ordnungen. Es ist ein dynamisches Ganzes, das aber eine unvorstellbare Vielfalt an Geschöpfen und Energien umfasst. Die Geschöpfe, Energien und Ordnungen sind alle aufeinander bezogen, wie Papst Franziskus in seiner Enzyklika »Laudato si – Über die Sorge für das Gemeinsame Haus« so nachdrücklich betont (87, 137, 142 usw.). Alles hat mit allem zu tun, in jeder Hinsicht, unter allen Umständen und zu allen Zeiten.

In diesem Aufeinander-bezogen-Sein offenbart sich das Zusammenwirken aller mit allen. Das ist das grundlegendste Gesetz des Universums: die Synergie, die Solidarität, die Wechselseitigkeit und das Zusammenwirken. Alle und alles wirken gemeinsam darauf hin, dass jedes Geschöpf und jede Ordnung weiterhin Bestand haben und sich weiterentwickeln.

Die natürliche Auslese durch den Wettbewerb und den Sieg des am besten Angepassten (Darwin) müssen als Bestandteil dieses universellen Zusammenwirkens aller mit allen verstanden werden und nicht als Alternative dazu.

Diese wechselseitige Abhängigkeit und das Zusammenwirken führen dazu, dass alle sich gegenseitig ergänzen. Nichts ist überflüssig oder bleibt außen vor. Sogar die wilden Kräuter, sagt Papst Franziskus, preisen Gott auf ihre Weise, denn »die Welt ist mehr als ein zu lösendes Problem, sie ist ein freudiges Geheimnis, das wir mit frohem Lob betrachten« (*Laudato si*, 12).

Alle tragen zur Größe und Schönheit des organischen und dynamischen Ganzen bei. Evolution ist immer Ko-Evolution, niemals entwickelt sich nur ein Geschöpf oder eine Art oder ein Ökosystem, sondern alles entwickelt sich stets gemeinsam.

Die wechselseitigen Beziehungen aller mit allen gewährleisten den Erhalt der Systeme und ihrer Vertreter. Das heißt: Je größer das Geflecht der wechselseitigen Verbindungen, desto gesicherter ist das Überleben in der Gegenwart und auch in der Zukunft (vgl. Boff, *Überlebenswichtig*).

Das Gleichgewicht, das dem ganzen Prozess zugrunde liegt, ist dynamisch und stets offen für neue Wege der

Schöpfung. Grund dafür ist der selbsterschaffende und selbstorganisierende Charakter dieses Prozesses, der ständigen Schwankungen und Abweichungen von diesem Gleichgewicht unterworfen ist. Das wiederum löst die Suche nach einem anderen Gleichgewicht aus, die ebenfalls dynamisch und offen ist. Das setzt sich immer weiter fort.

Laut Ilya Prigogine (1917–2003), der 1977 mit dem Nobelpreis für Chemie ausgezeichnet wurde, ist das Leben aus einem Zustand des Chaos heraus entstanden, der weit entfernt war vom Gleichgewicht. Doch das Auftauchen des Lebens hat ein neues Gleichgewicht herbeigeführt. Das Leben erschafft das, was Prigogine *dissipative Strukturen* nennt: Sie zerstreuen die Entropie, nutzen die natürlichen Überreste als neue Energiequellen und verlängern so seine Existenz. Auf gleiche Weise verweist die Biodiversität auf verschiedene Gleichgewichte, die allesamt dynamisch und aufeinander bezogen sind.

Evolution ist zudem nie nur Anpassung aller an alle innerhalb der Ökosysteme, sondern sie ist auch Informations- und Erfahrungsaustausch. Die Materie und alle Dinge sind nicht nur Träger von Masse und Energie, sondern auch von Information, denn sie befinden sich permanent in Interaktion, in Prozessen des Austauschs, der Assimilierung, der Zurückweisung, des Aufbaus und des Lernens. Alle sind von diesem ununterbrochenen Prozess gekennzeichnet, was dazu führt, dass alle Wesen Träger von Geschichte, Unumkehrbarkeit sowie eines gewissen Maßes an Innerlichkeit und Subjektivität sind. Dennoch ist das Universum nicht die Summe aller existierenden Geschöpfe, sondern der Ausdruck sämtlicher Beziehungen und Verbindungen aller miteinander.

Diese Fähigkeit, Beziehungen herzustellen und somit Einheiten, sogenannte Felder, zu bilden, macht den Charakter des Geistes im Universum aus. Er ist die Stütze in der Gesamtheit der Beziehungen von allem mit allem. Weil dieser Prozess schon mit dem allerersten Moment einsetzte, als die ursprünglichen Elemente sich zu verbinden begannen (Top-Quarks, Protonen und Neutronen), sind die Keimzellen des Geistes genauso alt wie das Universum selbst. Da sie sich ständig aufeinander beziehen und miteinander kommunizieren, tragen alle Geschöpfe auf ihre Weise den Geist in sich. Das Prinzip der Relationalität ist immer das gleiche, nur der Grad der Realisierung variiert.

Zwischen dem Geist eines Gebirges und dem menschlichen Geist findet das gleiche Prinzip der Relationalität Anwendung (das Gebirge bezieht sich auf die Sonne, den Wind und den Regen, auf die Energien der Erde, des Universums und der Person, die es betrachtet), allerdings in unterschiedlicher Ausprägung: im Gebirge in rudimentärer Form, die aber in ihrer Einzigartigkeit real ist, und in uns in sehr dichter, überlegter und bewusster Form. Darin offenbaren sich ein Zweck und ein Sinn. Um an den Punkt zu gelangen, an dem wir heute im Universum stehen, müsste alles exakt noch einmal so geschehen, wie es passiert ist. Das schwache anthropische Prinzip besagt: Wenn die Dinge nicht bis ins winzigste Detail genau so abgelaufen wären, könnten wir hier jetzt nicht über all das sprechen.

Aus diesem Grund behauptet der berühmte britische Physiker Freeman Dyson (*1923): »Je länger ich das Universum und die Einzelheiten seiner Architektur betrachte, desto offenkundiger erscheint es mir, dass das Universum wusste, dass wir eines Tages auftauchen würden« (*Innenansichten: Erinnerungen an die Zukunft*). Der Zweck des Universums besteht also nicht nur darin, alles Existierende fortzuführen, sondern alle in ihm und in jedem der in ihm existierenden Geschöpfe angelegten Möglichkeiten zu realisieren. Das Reale ist demnach *Real-isierung*, also ein sich fortwährend vollziehender Vorgang, etwas, das nie abgeschlossen sein wird.

Die explizite Ordnung verweist auf eine implizite Ordnung, wie der berühmte nordamerikanische Physiker David Bohm (1917–1992) behauptete. Er lebte und lehrte in Brasilien und war ein Lieblingsschüler Albert Einsteins. Seine Behauptung geht von einer höheren, intelligenten Gesamtheit aus, was viele Kosmologen zu der Ansicht bringt, das Universum sei sich seiner selbst bewusst und trage den Geist in sich (vgl. Boff/Hathaway, *Befreite Schöpfung*). Diese kosmologische Sichtweise zwingt uns letztlich dazu, die Realität nicht als Maschine, sondern als lebendigen Organismus zu begreifen, nicht als abgeschlossenes Ganzes, sondern als offenes System und Beziehungsgeflecht, eine Art Tanz, bei dem alle mitmachen.

Jedes Geschöpf hat die Neigung, sich selbst zu behaupten – andernfalls würde es aussterben –, jedoch auch die Neigung, sich in ein größeres Ganzes zu integrieren, das auf die Mitwirkung aller übrigen zählt, um weiter zu existieren. Es ist deshalb wichtig, von einzelnen Teilen zum Ganzen überzugehen, von den Objekten zu den Subjekten, von den Strukturen zu den Prozessen, von den Standpunkten zu den Beziehungen. Alles im Universum ist also ko-kreativ, ko-partizipativ, aufeinander bezogen und mit allem und allen verbunden.

Der Ort des Menschen innerhalb der Evolution

Zunächst einmal ist der Mensch Teil und Parzelle des Universums und ein Glied in der Kette des Lebens. Als er in der Geschichte der Welt auftauchte, waren 99,98 Prozent der Erde bereits fertig. In der Entwicklung ihrer verwirrenden Komplexität und reichen Biodiversität war die Erde also nicht vom Menschen abhängig. Er ist das Ergebnis dieses Prozesses und nicht der Grund desselben. Der übliche Anthropozentrismus, der davon ausgeht, dass alle Dinge der Erde und des Universums nur Sinn ergeben, wenn sie vom Menschen geordnet werden, ist also ein falscher Ausgangspunkt. Bliebe man bei dieser Ansicht, würde man verkennen, dass jedes Ding über eine relative Autonomie verfügt – deshalb gebührt ihm Respekt – und alle mit allen verbunden sind, was dazu führt, dass alle sich innerhalb aller einordnen. Kaum jemand hat den Anthropozentrismus so scharf kritisiert wie Papst Franziskus in seiner Enzyklika »Laudato si«, in der er ihn als hauptverantwortlich für die aktuelle Wirtschaftskrise darstellt (ebd., 115–136).

Inzwischen besitzt der Mensch eine einzigartige Eigenschaft: Er kann gezielt in die Natur eingreifen. Einerseits befindet er sich also noch immer innerhalb der Natur als Teil derselben; andererseits steht er der Natur gegenüber als jemand, der sie verändern kann. Er steuert somit den Evolutionsprozess mit, innerhalb dessen er sich selbst weiterentwickelt. Dadurch wird er zu einem mitverantwortlichen Wesen und zum Wächter des heiligen Erbes, das er vom Universum oder von Gott empfangen hat. Das ist seine ethische Dimension.

Das Axialprinzip dieser Ethik der Mitverantwortlichkeit lässt sich folgendermaßen beschreiben: »Handle so, dass die Wirkungen deiner Handlung verträglich sind mit der Permanenz echten menschlichen Lebens auf Erden«; oder negativ ausgedrückt: »Handle so, dass die Wirkungen deiner Handlung nicht zerstörerisch sind für die künftige Möglichkeit solchen Lebens« (vgl. Jonas, *Das Prinzip Verantwortung*).

In Worten der Achtsamkeit ausgedrückt, müsste es heißen: »Sei achtsam mit allem, das existiert und lebt, damit es weiter existieren und leben kann. Wenn du liebst, bist du achtsam, wenn du achtsam bist, liebst du auch. Ohne Achtsamkeit kann keine Lebensform überdauern« (vgl. Boff, *Achtsamkeit*). Der Mensch kann also im Sinn der Natur mit Verantwortung und Achtsamkeit in sie eingreifen, indem er vorhandene Kräfte potenziert. Er kann aber auch bremsend auf sie einwirken, indem er Möglichkeiten vereitelt und zerstört.

Er kann der gute Engel sein, der Wächter und Gärtner, aber ebenso der Satan und der Zerstörer der Erde.

Wir dürfen nicht vergessen, dass wir selbst Erde sind (vgl. Gen 2,7), darauf hat Papst Franziskus in seiner Enzyklika »Laudato si« zu recht hingewiesen. Wir sind dieser Teil Erde, der in einem fortgeschrittenen Moment seiner Evolution zu fühlen begann, zu denken, zu lieben, sich verantwortlich zu fühlen und achtsam zu sein. In diesem Moment der Evolution erschien der Mensch: Mann und Frau. Wir sind also Erde, die fühlt, denkt, liebt, achtsam und voller Ehrfurcht ist.

Der »Vater« der nordamerikanischen Ökologie, Thomas Berry (1914–2009), sagt: »Der Mensch ist weniger ein Wesen, das die Erde bewohnt, als vielmehr eine Dimension der Erde und somit des Universums selbst; die Gestalt und unsere Wesensart hängen von der Stützkraft und der Ausrichtung dieser universellen Ordnung ab; im Universum sorgt sich jedes einzelne Geschöpf um uns« (*The Dream of the Earth*, 1998). Die Krisen, die die gesamte Menschheit und das System Erde durchlaufen, lassen in uns das Bewusstsein reifen, dass wir sowohl für den Fortbestand des Lebens wie auch für das Gleichgewicht des Planeten eine entscheidende Rolle spielen. Indem wir mit der Erde achtsam umgehen, gehen wir mit uns selbst achtsam um und sichern so die Zukunft des Lebens generell und unseren eigenen Fortbestand innerhalb unseres gemeinsamen Hauses.

Bevor wir uns der Frage nach Gott und der daraus folgenden Spiritualität widmen, müssen wir zwei unerlässliche Vorbedingungen ansprechen: was vor dem Urknall war und die Befreiung der »sensiblen Vernunft« oder der Vernunft des Herzens.

Ursprungsquelle allen Seins

Eine Frage treibt die Kosmologen unablässig um: Wenn alles mit der ersten Singularität, nämlich dem Urknall, begonnen hat, was war dann davor? Wer hat diesen winzigen Punkt hervorgebracht, der explodierte und das Universum, wie wir es kennen, entstehen ließ? Die Astrophysiker vermuten, dass es in den allerersten Momenten nach der Anfangsexplosion zu einem gewaltigen Aufeinanderprallen von Materie und Antimaterie kam, wodurch beide nahezu vernichtet wurden. Übrig blieb nur ein Milliardstel der Masse: die Elementarteilchen, aus denen das gesamte Universum entstand.

Bis wohin können wir zurückgehen? Da ist die berühmte Mauer, von der Max Planck (1888–1942) sprach, hinter die wir nicht vordringen können. Das heißt, wir könnten nur bis zu einer Millionstel (10^{-43}) Sekunde jenseits des Urknalls gelangen. Auch wenn wir keinen Blick auf das werfen können, was jenseits davon ist, entwickelte sich dafür doch die Vorstellung oder der Begriff des sogenannten Quantenvakuums, ein insofern unpassender Ausdruck, als »Quant« genau das Gegenteil dessen besagt, was der Begriff »Vakuum« bedeutet.

Das Vakuum stellt die Gesamtheit aller möglichen Energien und Informationen sowie ihrer eventuellen Verdichtungen zu Masse, Materie und Energie in den existierenden Geschöpfen dar. Darum bevorzugt man heute den Ausdruck der Grundenergie, *Pregnant Void*, also »schwangere Leere« oder »nährender Abgrund allen Seins« oder auch »Ursprungsquelle allen Seins«, der bevorzugte Ausdruck des bereits zitierten Kosmologen Brian Swimme (*The Universe Story*, 1991; *Journey of the Universe*, 2012). Aus dieser Ansammlung höchster Energie ging der Ursprungspunkt und gingen möglicherweise weitere Punkte hervor, aus denen weitere parallele oder andere Universen entstanden. Diese Ursprungsquelle kann naturgemäß nicht anhand der Kategorien von Raum und Zeit dargestellt werden, da diese noch nicht existierten und erst mit der Ausdehnung des Universums auftauchten.

Astrophysiker stellen sie sich als eine Art ausgedehnten, uferlosen Ozean vor, unbegrenzt, unaussprechlich, unbeschreiblich und geheimnisvoll, der wie ein unendlich großer Uterus alle Informationen, Möglichkeiten und Kräfte des Seins beherbergt, die im Verlauf der Kosmogenese, die mit fortschreitender Komplexität und Verinnerlichung einhergeht, auftauchen werden (vgl. Boff/Hathaway, *Befreite Schöpfung*). Diese Grundenergie ist in allem enthalten. Ohne sie könnte nichts überdauern. Als bewusste und spirituelle Geschöpfe sind wir eine äußerst komplexe, subtile und extrem interaktive Ausformung dieser Energie.

Ist dieses unendliche, geheimnisvolle, unnennbare Meer nicht vielleicht selbst die Gegenwart Gottes? Aus theologischer Sicht ist Gott jedoch immer größer, übersteigt er alle Grenzen und Darstellungsformen. Wenn dieses Meer also nicht Gott ist, so ist es eine der ausdrucksstärksten Metaphern für ihn. Spannend ist, dass sich die Tradition des Daoismus ebenfalls auf diese »volle Leere« bezieht, wenn es im Daodejing (§4) heißt: »Das Dao ist eine aufgeregte Leere, immer in Bewegung und unerschöpflich. Es ist ein bodenloser Abgrund, Ursprung aller Dinge und das, was die Welt vereint.«

Der Mensch besitzt eine Einzigartigkeit: Er kann in seinem Innern diese Energie spüren, die ihn einnimmt und über ihn hinauswächst. Er kann sich ihr öffnen, aber auch verschließen, doch kann er sie nicht unwirksam machen. Wenn er sie anruft und sie verinnerlicht, vervielfacht er seine eigene Energie in Bezug auf Begeisterung, Mut, Liebe, Kraft, Widerstand und Kreativität.

Wie Gott aus dem Inneren des Universums hervortritt

Nachdem wir die Phasen der Entstehung des Universums durchlaufen und die Ursprungsquelle allen Seins, die »schwangere Leere«, erkannt haben, stellt sich die Frage: Wie tritt Gott aus dem Innern des Universums hervor, sodass wir zumindest Hinweise auf seine Gegenwart und sein Handeln wahrnehmen können? Diese Frage lässt uns nicht kalt. Sie hat auch mit unserer Existenz und der Zukunft aller Dinge zu tun. Max Planck (1888–1942), der im Zusammenhang mit Energie als Erster von *Quanten* sprach, bekannte demütig: »Die Wissenschaft kann das letzte Geheimnis der Natur nicht lösen. Dem ist so, weil wir in dieser letzten Analyse selbst ein Aspekt der Natur sind, daher ein Aspekt des Geheimnisses, das wir zu lösen versuchen.«

Doch über dieses Geheimnis und darüber, wie es in unser Bewusstsein vorgedrungen ist, sollten wir nachdenken. Wenn es in uns aufgetaucht ist, deutet dies darauf hin, dass es zuvor im Universum war. Andernfalls würde es nicht in unser Bewusstsein gelangen, denn wir sind der bewusste und intelligente Teil des Universums. Solche Fragen können zudem nur wir Menschen als bewusste Geschöpfe aufwerfen. Das ist eine unserer Einzigartigkeiten: nach dem Anfang aller Dinge zu fragen (vgl. Hans Küng, *Der Anfang aller Dinge. Naturwissenschaft und Religion*) und nach einem Sinn. Wie wir wissen, gibt es Wissenschaftler, die meinen, es existierte im Universum kein Sinn. Doch dies widerspricht einer grundlegenden Furcht des Menschen, die sich in allen Kulturen beobachten lässt. Albert Einstein hat dazu wie folgt argumentiert: »Welches ist der Sinn unseres Lebens, welches der Sinn des Lebens aller Lebewesen überhaupt? Eine Antwort auf diese Frage wissen, heißt religiös sein. Du fragst: Hat es denn überhaupt einen Sinn, diese Frage zu stellen? Ich antworte: Wer sein eigenes Leben und das seiner Mitmenschen als sinnlos empfindet, der ist nicht nur unglücklich, sondern auch kaum lebensfähig« (*Mein Weltbild*).

Das Universum ist voll von Sinnhaftigkeit, die es mit jeder Stufe seiner Evolution offenbart. Wenn wir zurückblicken, können wir eine ansteigende Linie erkennen: Vom Quantenvakuum gelangen wir zum Anfangspunkt, der dann explodiert, von der Explosion geht es weiter zur Energie, von der Energie zur Materie, von der Materie zur Komplexität, von der Komplexität zu regelmäßigen Ordnungen, von regelmäßigen Ordnungen zum Bewusstsein, vom Bewusstsein zur Entdeckung des »Gottes« mit den tausend Namen. Sich diesen stetigen Anstieg und die fortschreitende Weiterentwicklung bewusst zu machen, ist ein Akt der Vernunft. Doch stellt sich die Frage: Woher kam jener Punkt, aus dem unser ganzes Universum entstanden ist? Er kann nicht aus dem Nichts gekommen sein, denn von Nichts kommt Nichts. Er muss von etwas gekommen sein, das vor dem Davor liegt. Das ist keine rein intellektuelle Überlegung, sondern sie ergibt sich von selbst, da sie die Existenz des Fragenden umgibt. Sie erwächst aus dem Staunen über die Unermesslichkeit des Universums: mehr als hundert Milliarden Galaxien mit vielen Trillionen Sternen und anderen Himmelskörpern. Ehrfürchtig fragen wir uns: Wer versteckt sich hinter der Milchstraße und bewegt all die Sterne?

Eingesperrt in unsere sterilen Büros, von der Natur entfremdet oder in unsere Laborforschungen vertieft können wir im Geist die fantastischsten Reisen unternehmen und dabei alles in Zweifel ziehen. Aber wir können nicht unberührt bleiben vom Frühlingserwachen und der Pracht der Natur, angesichts blühender Blumen und der Schönheit all der Tiere, die auf unserer Erde leben. Wer nach einem fürchterlichen Unwetter nicht staunt, wenn die Sonne wieder durchbricht, dessen Geist ist abgestumpft; wer über die Schönheit lacht, die in der Verliebtheit zweier Menschen sichtbar wird, ist töricht. Und wie könnte man angesichts eines neugeborenen Kindes nicht entzückt sein?

Aus diesem Bewusstseinszustand ergibt sich die Frage nach der »Großen Realität«. Niemand hat das besser ausgedrückt als der Astronaut Eugene Cernan, der die Erde aus dem Weltall betrachten konnte: »Ich war der letzte Mensch, der im Dezember 1972 den Mond betrat; was ich sah, war zu schön, um sich davor zu fürchten, zu geordnet und sinnerfüllt, um Ergebnis eines bloßen kosmischen Unfalls zu sein; tief in uns drin fühlten wir uns verpflichtet, Gott zu preisen; Gott muss existieren, denn er hat das geschaffen, was ich das Privileg hatte zu betrachten; spontan kamen Ehrfurcht und Dankbarkeit in mir hoch; deshalb existiert das Universum« (White, *Der Overview Effekt*, 1993).

Diese Aussage des Astronauten offenbart uns, dass so etwas wie eine sensible Vernunft oder eine Intelligenz des Herzens in uns vorhanden ist, aus der die Frage nach Gott entsteht. Das bedeutet, dass diese Intelligenz des Herzens über die rationale Intelligenz hinausgeht oder diesseits von ihr bleibt. Sie spricht aus den Tiefen unseres Gefühls zu uns, von dort, wo die Dinge mehr als Dinge sind, wo Symbole, Werte und Gemütsbewegungen zu finden sind, die unser Herz berühren.

Ausgehend von dieser Erfahrung, die das ganze Universum umhüllt, gelangen wir zu der klaren Vorstellung, dass es ein liebevoller und guter Schöpfer war, der aus dem »schwangeren Vakuum« jenen winzigen, kleiner als stecknadelkopfgroßen Punkt zog und ihm unermessliche Energie einflößte, durch die alles Existierende überdauert und fortbesteht. Es muss ein Jemand mit höchster Intelligenz gewesen sein, an die unsere Verstandeskapazitäten nicht heranreichen. Jemand, der am Ursprung und am Ausgangspunkt des ganzen Universums steht. Jemand, der beständig das Wort *fiat* spricht – »es werde«. Andernfalls würde alles zur »schwangeren Leere« oder zum Nichts zurückkehren. In jedem Moment stützt er die Evolution und zieht sie aufwärts und nach vorn, in Richtung eines uns unbekannten Ziels, das aber mit Sicherheit größte Erfülltheit und Güte in sich vereint. Hier hilft uns ein kurzer Kommentar von Stephen Hawking, der die Frage stellt, »warum es uns und das Universum gibt. Wenn wir die Antwort auf diese Frage fänden, wäre das der endgültige Triumph der menschlichen Vernunft – denn dann würden wir Gottes Plan kennen« (*Die illustrierte kurze Geschichte der Zeit*).

Es ist die Aufgabe der Wissenschaft, unter Anwendung der intellektuellen Vernunft nach einer Antwort auf diese Frage zu suchen. Aber es ist die Aufgabe der Intelligenz des Herzens, auf einer Antwort zu bestehen, die den Sinn des unendlichen, liebenden Geistes Gottes übermittelt.

Der bereits zitierte Physiker David Bohm, der religiösen und spirituellen Fragen offen gegenübersteht, sagte: »Die Leute glauben an eine Form von Intelligenz, die vor langer Zeit das Universum geordnet hat. Sie haben sie personalisiert, indem sie sie Gott genannt haben« (vgl. Weber, *Wissenschaftler und Weise. Gespräche über die Einheit des Seins*). Der Philosoph Jean Guitton (1901–1999) gibt sich im Gespräch mit zwei russischen Astrophysikern über Gott und die Physik bescheidener: »Ich wage nicht, es zu benennen, denn jeder Name ist unpassend, um das Geschöpf ohne Gleichen zu bezeichnen« (*Gott und die Wissenschaft*). Die vernünftigste Antwort, die die möglichen Überlegungen zu Gott am angemessensten abbilden könnte, wäre diese: Gott hat das Universum erschaffen, weil er in seiner ewigen trinitarischen Gemeinschaft nicht allein bleiben wollte. Er wünschte sich Gefährten und Gefährtinnen in der Liebe.

In einem überschäumenden Moment erschuf er alle Geschöpfe als Ausdruck seiner großen Fülle. Er erschuf sie als Widerschein seiner Liebe. Und uns Menschen, damit wir als Spiegel dienen, in dem er selbst sich sehen kann. Deshalb sind wir »sein Ebenbild«. Er erschuf uns, damit wir die Herrlichkeit der Galaxien und des Sternenhimmels wahrnehmen können und erfüllt werden von Ehrfurcht und tiefem Respekt. Durch uns sieht das Universum sich selbst und kann es sich seiner erhabenen Komplexität bewusst werden. Wenn wir verzückt auf die Myriaden von Sternen sehen, sind sie es, die sich durch unsere Augen selbst sehen. Wir bilden stets eine Gemeinschaft mit ihnen, und sie sind unsere ständigen Begleiter. Deshalb fürchten wir auch die Dunkelheit der Nacht nicht, denn wir lieben die Sterne, die von dort scheinen, woher wir einst gekommen sind. Sie leuchten uns stetig und erfreuen uns.

Eine Vorbedingung, um Gott im Universum wahrzunehmen: die Befreiung der »sensiblen Vernunft«

Es reicht nicht, die Etappen der Kosmogenese zu kennen. Das ist eine Sache der intellektuellen Intelligenz. Wir wollen aber Gott und das Heilige im Universum erspüren und fühlen, wie es sich in uns ausbreitet. Dafür müssen wir vom Kopf zum Herzen gehen. Wir müssen die analytische Vernunft um die »sensible Vernunft« oder die Vernunft des Herzens ergänzen. Hier entsteht Spiritualität. Spiritualität ist mehr, als Gott zu denken. Es bedeutet, Gott in unserem tiefsten Innern zu fühlen.

Wenn wir uns auf die intellektuelle und analytische Vernunft beschränken, laufen wir Gefahr, für einige Botschaften unempfänglich zu werden, die von allen Seiten zu uns vordringen: aus der Größe des Universums, aus der Verzauberung über die Vielfalt der Lebensformen auf der Erde. Die reine Vernunft, die kein Gefühl zulässt, macht uns taub für den Schrei des Unterdrückten und das Ächzen der Schöpfung, die wir uns mit unserem Drang, materielle Güter anzuhäufen, untertan machen. Wir füllen den Kopf zu sehr und lassen das Herz verdorren. Im Herzen wohnen die tiefen Gefühle: Liebe, Freundschaft und Mitgefühl. Die Impulse aus unserem Herzen geben uns den Mut, Hindernissen die Stirn zu bieten und mit dem anderen mitzufühlen.

Die intellektuelle Vernunft, die für die rationale Ordnung der Welt unverzichtbar ist, ist erst vor fünf bis sieben Millionen Jahren mit der Herausbildung der Hirnrinde entstanden. Die »sensible Vernunft« hingegen, auch Vernunft des Herzens genannt, entstand vor fast zwölf Millionen Jahren, als der kosmogenetische Prozess die Säugetiere hervorbrachte. Diese besitzen ein Areal im Gehirn, limbisches System genannt, in dem Gefühle, Sensibilität, Fürsorge und Liebe angesiedelt sind. Wenn ein Säugetier Junge zur Welt bringt, kümmert es sich mit Zärtlichkeit, Liebe und Fürsorge um sie.

Wir vergessen gern, dass wir dieser Abstammungslinie ebenfalls angehören. Doch wir sind vor allem fühlende Geschöpfe, in denen andere etwas auslösen und die in anderen etwas auslösen. Wir tragen in uns das *pathos*, das Gefühl, das älter ist als der *logos*, das Wort, der Verstand. Die moderne Wissenschaft hat die »sensible Vernunft« im Namen der Objektivität wissenschaftlicher Forschung in Zweifel gezogen. Die neue Erkenntnistheorie hat uns jedoch gezeigt, dass es eine solche Objektivität nicht gibt. Jede Erkenntnis ist von Interessen geleitet (Jürgen Habermas). Das wissende

Subjekt nähert sich dem Forschungsobjekt mit eigenen Vorstellungen, einer eigenen Weltsicht, eigenen Projektionen. Subjekt und Objekt sind immer miteinander verbunden, wie die Quantenphysik gezeigt hat.

Die Befreiung der »sensiblen Vernunft« wird heute immer dringender (vgl. Maffesoli, *Éloge de la raison sensible*; Boff, *Herzenssache*). Doch sie ersetzt weder die intellektuelle Vernunft, noch schränkt sie sie ein. Sie wetteifert mit ihr und sorgt dafür, dass Wissenschaft mit Gewissen betrieben wird, mehr im Sinn des Lebens als im Sinn des auf finanziellen Gewinn ausgerichteten Marktes. Ohne die »sensible Vernunft« oder Vernunft des Herzens könnten wir Gott kaum als lebendige, sinnerfüllte Erfahrung wahrnehmen, die dafür sorgt, dass wir mit den Leidenden mitfühlen, achtsam mit dem Leben umgehen und die Lebenskapazität der verletzten, gekreuzigten Mutter Erde stärken. Mit der Liebe, die aus der Vernunft des Herzens erwächst, setzen wir uns dafür ein, dass unser gemeinsames Haus, die Mutter Erde, für alle gleichermaßen bewohnbar wird und bleibt.

Welche Namen werden wir dem Erscheinen Gottes in der Kosmogenese geben?

Wenn die Vernunft des Herzens in uns befreit ist und wir offen sind, Gott im Innern aller Dinge wahrzunehmen, haben wir das Bedürfnis, dieser unaussprechlichen Gegenwart Namen zu geben. Wir wissen wohl, dass es menschliche Vermessenheit ist, dem Unaussprechlichen einen Namen zu geben. Aber ein innerer Drang lässt uns Namen und immer mehr Namen finden, die nur Ausdruck unserer Liebe und Ehrfurcht sind.

Der erste Name, der uns in den Sinn kommt, ist *Erstes lebendiges und wahrhaftiges Wesen*, das ewig da ist, die Quelle, die alle Wesen hervorbringt. Warum ist und existiert dieses Wesen und nicht das Nichts? Auf diese Frage, mit der sich Leibniz (1646–1716) und Heidegger (1989–1976) sowie sämtliche Philosophen herumgequält haben, gibt es keine Antwort, denn sie zu stellen ist nur möglich, weil wir tatsächlich feststellen, dass wir existieren, dass das Sein dem Nichts überlegen ist. Wenn es das Nichts gäbe, würden wir hier nicht danach fragen.

Ein anderer Name für Gott ist *Schöpfergeist*. »Geist« ist eines der erhabensten Wörter unserer Sprache, denn es trägt nahezu alle positiven Werte in sich wie Kreativität, Ordnung, Verständnis und Licht. Er hat alles aus dem Nichts erschaffen und in Bewegung gesetzt.

Ein dritter Name, eine kosmologische Größe, lautet *lebendige Beziehung*. Alles ist mit allem verbunden, denn die höchste Wirklichkeit ist im Wesentlichen die substanzielle Verbindung, die Gemeinschaft des Lebens und der Liebe. Sie ist in allen Dingen gegenwärtig, verbindet sie immer wieder miteinander und bildet so die sogenannte *Beziehungsmatrix*, außerhalb derer nichts existiert.

Außer als *Erstes Wesen* und *Quelle allen Seins* zeigt sich Gott auch als *Unendliche und ewige Liebe*, die von Dante Alighieri (1265–1321) in der Schlusszeile seiner »Göttlichen Komödie« so gepriesen wird: »*L'amor che move il sole e l'altre stelle*« (»Die Liebe, die beweget Sonn' und Sterne«). Und ich würde noch hinzufügen: Sie bewegt auch unsere Herzen. Die Liebe ist natürlich, wie die Scholastiker es ausgedrückt haben, *diffusum sui*, das heißt, sie verbreitet und verströmt sich selbst. Das Universum und der Sinn unserer Existenz finden ihren höchsten Ausdruck und ihr größtes Glück darin, die Liebe zu leben. Die Liebe ist der Grund, dass alle Dinge und die Sterne sich gegenseitig anziehen und dass wir uns zueinander hingezogen fühlen – eine Wirkungsart der Gravitation, die alle Geschöpfe anzieht und sie immer vereinen möchte.

Diese Liebe drückt sich in der *Hervorbringenden Energie* aus, die sich aus höchstem Bewusstsein und höchster Persönlichkeit zusammensetzt und am Ursprung von allem stehen.

Sie ist die *Lebensantriebsenergie*, die alles belebt, die Weiterentwicklung ankurbelt, Beziehungen festigt sowie das destruktive Chaos in ein generatives Chaos verwandelt und alles vorantreibt.

Sie ist die *Anziehungsenergie,* die alle Energien und kosmischen Bewegungen an höchster Stelle zusammenlaufen lässt, am Punkt Omega, wie Pierre Teilhard de Chardin es nennt.

Letztlich ist diese Realität, da wir keine Worte für sie haben, Geheimnis, verhüllt und unverhüllt, bekannt und unbekannt, denn sie bleibt auch bei jeder weiteren Enthüllung und Erkenntnis stets Geheimnis (vgl. Jüngel, *Gott als Geheimnis der Welt*). Zu jedem Zeitpunkt und auf ewig zeigt dieses Geheimnis sich selbst in unendlichen Dimensionen, die auch für Gott unerwartet sind. Andernfalls wäre es ein statisches, unbelebtes Geheimnis, offen für eine Zukunft, die Gott selbst plant.

Im christlichen Glauben zum Beispiel ist in der Inkarnation des Gottessohnes so das Geheimnis zu etwas geworden, das Gott zuvor niemals war: Er ist Fleisch geworden (Joh 1,14). Er hat ein Werden erlebt. Dieses Werden ist seine unendliche, ewige Bewegung. Gott zeigt sich hier als absolute Zukunft, die sich stetig verwirklicht und die es stetig zu verwirklichen gilt, unendlich und ewig. Sich diesem Geheimnis zu öffnen heißt, das Geheimnis des menschlichen Wesens zu entdecken, das sich uns nie ganz enthüllt, da es Teil des Evolutionsprozesses ist, ein unendliches Projekt mit grenzenlos vorhandenen Kräften und Möglichkeiten. Das Geheimnis des Menschen verliert sich im Geheimnis Gottes oder im Gott des Geheimnisses.

Alles in Gott und Gott in allem

Gott taucht aus dem Universum auf, weil er permanent darin vorhanden ist als Schöpfer, Stützer, Verbinder, belebender Motor des noch immer in der Entstehung befindlichen Kosmos'. Er steckt in jedem Prozess und in jeder Stufe. Das ist die Immanenz des Schöpfers in jedem Geschöpf.

Aber auch das Umgekehrte gilt: Jedes Geschöpf ist im Schöpfer gegenwärtig. Wenngleich Schöpfer und Geschöpf klar unterschieden sind, so durchdringen sich beide doch gegenseitig und befinden sich in ständiger Gemeinschaft. Die christliche Theologie hat dafür einen schwer zu übersetzenden Ausdruck geprägt: die *Perichorese* von Gott und der Welt. Perichorese bedeutet, dass Schöpfer und Schöpfung sich gegenseitig so durchdringen, dass nicht nur die göttliche Transzendenz angesichts der Immanenz der Schöpfung gestärkt wird, sondern das eine stets im anderen präsent ist, aber eins nicht das andere ist. Diese Präsenz macht die *Transparenz* sichtbar, die vermittelnde Kategorie zwischen Transzendenz und Immanenz. Es geht um die Transparenz innerhalb der Immanenz, woraus folgt, dass der Schöpfer und die Schöpfung füreinander transparent sind: Wer den einen sieht, sieht automatisch den anderen.

Die modernen Theologen haben dafür den Begriff *Panentheismus* gefunden. Philologisch betrachtet setzt er sich folgendermaßen zusammen: *pan* (alles), *en* (in), *theós* (Gott); das *-mos* ist eine Substantivendung. Wörtlich übersetzt bedeutet das: Alles ist in Gott und Gott ist in allem. Es gibt kein Außerhalb, aber eine gegenseitige Durchdringung von beidem. Das ist etwas anderes als der *Pantheismus*. Dieser unterscheidet nicht zwischen Schöpfer und Schöpfung. Er betrachtet sie als identisch. Ihm zufolge ist Gott in allem: in diesem Tisch, auf dem ich schreibe, in diesem Gerät, mit dem ich arbeite. Der Pantheismus setzt alles ohne Unterschied mit Gott gleich, was wiederum ein philosophischer Irrtum ist, denn dann gäbe es nur die Identität ohne irgendeine Unterscheidung und dies widerspricht unserer Wahrnehmung.

Der *Panentheismus* darf nicht mit dem Pantheismus verwechselt werden. Er unterstreicht den Unterschied – eins ist nicht das andere –, betont aber die enge, wechselseitige Verbindung, die die Koexistenz und das Zusammenleben von unterschiedlichen Geschöpfen ermöglicht, die sich in der Liebe vereinen, in einer Beziehung ohne Distanz, ohne trennende Kluft.

Paulus hat das treffend ausgedrückt, als er sagte: »In Gott leben wir, bewegen wir uns und sind wir« (Apg 17,28). Der berühmte nordamerikanische Physiker David Bohm (1917–

1992), der unter McCarthy in den USA verfolgt wurde, deshalb von 1951 bis 1955 in Brasilien lebte und sogar die brasilianische Staatsangehörigkeit annahm, wurde zum Mystiker und dachte ähnlich wie Paulus. Zur Gegenwart Gottes im Universum pflegte er das kurze Gedicht des englischen Dichters und Mystikers William Blake (1757–1827) zu zitieren: »Um die Welt in einem Sandkorn zu sehen und den Himmel in einer wilden Blume, halte die Unendlichkeit auf deiner flachen Hand und die Stunde rückt in die Ewigkeit.«

Gott-Beziehung: Grund für die universelle Verbindung aller mit allen im Universum

Die verbindende Natur des Universums, das aus Beziehungsgeflechten und -feldern besteht, die alle mit allen verbinden, verweist uns auf die christliche Art, Gott zu benennen. Das Christentum ist eine monotheistische Religion, unterscheidet sich aber durch seinen speziellen Charakter vom Judentum und dem Islam: Es ist ein post-trinitarischer Monotheismus. Die Besonderheit des christlichen Glaubens liegt darin zu verkünden, dass Gott nicht die Einsamkeit des Einen ist (reiner Monotheismus), sondern die unendliche Gemeinschaft der göttlichen Drei: Vater, Sohn und Heiliger Geist (trinitarischer Monotheismus). Drei göttliche Personen, die auf ewig auf so radikale und tiefe Weise miteinander verbunden sind, dass sie eine einzige dynamische, aus Liebe, Gegenseitigkeit und gegenseitiger Durchdringung erschaffene Ursprungsrealität bilden. Augustinus (354–430), der sich in seinem langen Traktat »*De Trinitate*« mit diesem Mysterium wohl am intensivsten auseinandergesetzt hat, sagt sehr schön: »Jede göttliche Person ist in jeder der anderen, alle sind in jeder einzelnen, jede einzelne in allen, und alle sind eins« (De *Trinitate,* VI, 10, 12). Es handelt sich nicht um drei »Götter« oder gar um drei Arten, wie Gott sich zeigt. Dann wäre es Tritheismus oder Modalismus. Die Trinität wäre die Summe aus 1+1+1=3. So ist es aber nicht. In der Trinität ist jede Person einzigartig: Der Vater ist einzigartig, der Sohn ist einzigartig und der Heilige Geist ist einzigartig. Einzigartige lassen sich nicht zusammenrechnen, denn sie sind keine Zahlen, die addiert werden können.

Hierin liegt die Besonderheit dieser Idee: Die Einzigartigen erscheinen gleichzeitig, verbunden seit der ganzen Ewigkeit. Sie erscheinen durch ihr tiefes Wesen stets aufeinander bezogen, umschlungen in einer Verbindung aus maßloser, grenzenloser Liebe und Güte. Es ist eine Gott-Trinität in stetem Prozess der Gemeinschaft, der gegenseitigen Hingabe und des Miteinanders, wobei jede Person stets in Richtung der anderen geht und sich jede mit den anderen umhüllt, sodass eine einzige dialektische Bewegung entsteht, die des Beziehung-Gemeinschaft-Liebe-Gottes. Die moderne Ökologie verwendet dafür den Ausdruck der »Basisstruktur des Universums«. Wenn der dreifaltige Gott seinem intimsten Wesen nach eine substanzielle Verbindung ist, so spiegelt sich dieses Wesen in der gesamten Kosmogenese wider. Das Universum setzt sich aus Beziehungsspielen zusammen und niemand steht außerhalb dieses göttlichen Tanzes.

Papst Franziskus zieht in seiner Enzyklika »Laudato si« die Konsequenzen aus dem trinitarischen Wesen des christlichen Gottes, wenn er sagt: »Für die Christen führt der Glaube an den einen Gott, der trinitarische Communio ist, zu dem Gedanken, dass die gesamte Wirklichkeit in ihrem Innern eine eigentlich trinitarische Prägung besitzt« (239). »Die göttlichen Personen sind subsistente Beziehungen, und die Welt, die nach göttlichem Bild erschaffen ist, ist ein Gewebe von Beziehungen. Die Geschöpfe streben auf Gott zu, und jedes Lebewesen hat seinerseits die Eigenschaft, auf etwas anderes zuzustreben, sodass wir innerhalb des Universums eine Vielzahl von ständigen Beziehungen finden können, die auf geheimnisvolle Weise ineinandergreifen. Alles ist miteinander verbunden, und das lädt uns ein, eine Spiritualität der globalen Solidarität heranreifen zu lassen, die aus dem Geheimnis der Dreifaltigkeit entspringt« (240). Da Gott Beziehung ist, ist alles im Universum mit allem verbunden, in jedem Punkt und in jedem Moment. Die ökologische Spiritualität schärft unseren Blick dafür, dass wir in allen nebeneinander existierenden und miteinander verbundenen Dingen einen Hinweis auf die Gegenwart der Dreifaltigkeit erkennen können.

Christus taucht aus den Materien des Universums auf

Die Christen verkünden, dass Gottes Sohn Mensch geworden sei und damit schwach und sterblich. Aus kosmologischer und anthropogenetischer Sicht ist seine Realität im Lauf von Milliarden Jahren seit dem Urknall vorbereitet worden; in den roten Sternen haben sich alle Elemente herausgebildet, die in die Zusammensetzung unserer heutigen irdischen Gegenwart eingegangen sind. Anders gesagt: Das Eisen, das durch Jesu Venen geflossen ist, das Phosphor und das Kalzium, die seine Knochen gestärkt haben, das Natrium und das Kalium, die die Übermittlung von Signalen zwischen seinen Nerven und den Milliarden Neuronen in seinem Gehirn ermöglicht haben, der Sauerstoff, aus dem 65 Prozent seines Körpers bestanden, und der Kohlenstoff, der weitere 18 Prozent ausmachte: Das alles ist Teil der kosmischen Wirklichkeit des Jesus von Nazaret.

Es war Paulus, der am meisten über die kosmische Dimension des inkarnierten und wiederauferstandenen Sohnes nachgedacht hat; er hat in ihm sogar den »meeting point«, den Begegnungspunkt aller Geschöpfe gesehen, die »durch ihn und zu ihm geschaffen« wurden (Kol 1,16);

und als Kopf aller Dinge, der alles umhüllt und zusammenfasst (Eph 1,10). Voller Begeisterung meint er schließlich: »Christus ist alles und in allen« (Kol 3,11). Johannes geht in die gleiche Richtung, wenn er sagt: »Alles ist durch das Wort geworden und ohne das Wort wurde nichts, was geworden ist« (Joh 1,3). Deshalb behauptet Pierre Teilhard de Chardin (1881–1955), der den christlichen Glauben mit einer evolutionären Sicht der Realität vereinte: »Christus ist das organische Zentrum des Universums, an dem letzten Endes physisch die ganze, selbst die natürliche Entwicklung hängt« (vgl. *Über den Christus Universalis*). Der berühmte Philosoph Gottfried Wilhelm Leibniz (1646–1716) schrieb Christus die Funktion eines »substanziellen Mittlers« zu, der »die gesamte Materie durchdringt, verändert und eint« (vgl. Boff, *In ihm hat alles Bestand*).

Maurice Blondel (1861–1949), ein weiterer bedeutender französischer Philosoph, war ebenfalls fasziniert von der kosmischen Dimension Christi und folgt überwiegend der Meinung von Leibniz, wenn er das entwirft, was er einen *Panchristismus* genannt hat: einen Christus, der alles bedeckt und umhüllt, der das *Vinculum vinculorum* (die Verbindung der Verbindungen) ist, das alles verbunden hält und an höchster Stelle zusammenführt (vgl. Boff, *In ihm hat alles Bestand*). Diese kosmische Sicht auf Christus, ausgehend vor allem von der Auferstehung, ist vielleicht nirgendwo besser beschrieben als in einem frühchristlichen Text, der im berühmten Logion 77 des koptischen Thomasevangeliums enthalten ist. Da sagt Christus: »Ich bin das Licht, das alles überstrahlt. Ich bin das All selbst. Alles ist aus mir entsprungen und zu mir zurückgekehrt. Spaltet das Holz – und ich bin da. Hebt den Stein auf – und ihr werdet mich finden« (Koller/Ebert, *Verborgene Jesusworte*).

Übersetzt in die Alltagssprache würden wir sagen: Wir sind fortwährend in Kontakt mit dem kosmischen Christus, sei es, wenn wir niedere Arbeiten verrichten wie Holzhacken oder Steine hochheben, sei es, wenn wir seine Gegenwart im Rahmen einer Eucharistiefeier zelebrieren. Solche Realitäten zu spüren und sie nicht nur zu kennen und zu denken, macht eine Spiritualität der kosmischen Gegenwart Christi aus. In diesem spirituellen Zusammenhang sei an »La messe sur le monde« (1923) von Teilhard de Chardin erinnert, der davon erzählt, wie Tobi am Ostertag in der weiten chinesischen Wüste keine Möglichkeit hatte, die Messe zu feiern. Also betete er: »Herr, da ich, euer Priester, heute weder Brot noch Wein noch Altar habe, werde ich die Hände über die Gesamtheit des Universums ausstrecken und seine unermessliche Weite zum Gegenstand meines Opfers nehmen. Ist nicht der unendliche Kreislauf der Dinge die endgültige Hostie, die Du verwandeln willst? Ist nicht der Schmelztiegel, in dem sich die Tatkraft aller lebendigen und kosmischen Substanz vermischt und sprudelt, der Leidenskelch, den Du heiligen willst? Möge sich das Wort Gottes wiederholen, noch heute und morgen und für immer, solange die Verwandlung nicht vollständig abgeschlossen ist: *hoc est corpus meum*, dies ist mein Leib« (vgl. Boff, *Schrei der Erde, Schrei der Armen*).

Der Geist, der die universellen Energien erneuert

Aus den bisher dargestellten Überlegungen geht klar hervor, dass das Universum von allen Arten von Energie mit unterschiedlicher Dichte und Komplexität durchdrungen ist. Die herausragendste, aufschlussreichste Form manifestiert sich im Phänomen des Lebens, insbesondere im menschlichen Leben. Es gibt also nicht nur Leben auf der Erde. Die neuzeitlichen Menschen haben gezeigt, dass die Erde selbst lebendig ist und Leben hervorbringt; sie haben ihr den Namen *Gaia* gegeben oder – wie die Ureinwohner Lateinamerikas – *Pacha-Mama*.

Die Christen haben ein Bild, in dem sich die Explosion des Lebens im Universum ausdrückt: die Person des Heiligen Geistes. Er wird als *Spiritus Creator* betrachtet, als der, der alles belebt, was zum Leben gehört. Er erneuert das Gesicht der Erde und stärkt die Energien, die die Evolution vorantreiben. Er ist es, der die Empörung der Propheten hervorruft, den Dichtern als Inspiration dient, die Kreativität der Künstler anregt, zu einer charismatischen, die Massen bewegenden Führerschaft ermuntert und die einfachen Gläubigen dazu bewegt, in Liebe, Solidarität und Güte miteinander zu leben. Nicht zuletzt ist er es, der unser Herz mit Begeisterung erfüllt. Papst Franziskus betont in seiner Enzyklika »Laudato si«: »Der Geist Gottes erfüllte das Universum mit Wirkkräften, die gestatten, dass aus dem Innern der Dinge selbst immer etwas Neues entspringen kann« (80).

Tatsächlich war der Geist im ersten Moment der Schöpfung und war in der neuen Schöpfung, die in der Auferstehung Jesu begann; er wirkte mit, als sich die ersten Gemeinschaften der Anhänger Jesu bildeten. Er war in den großen Momenten historischer Veränderungen der menschlichen Gesellschaft sowie der Erneuerung der Kirchen und der spirituellen Gemeinschaften stets anwesend. Er hat Frauen und Männer zu Heiligen, Märtyrern und Glaubensbekennern gemacht. Er hat die Christen ermuntert, mit ihrem beispielhaften Leben und ihren Worten Zeugnis abzulegen auf dem Weg durch die Zeit.

So wie sich der Sohn im kosmogenetischen Prozess immer mehr verwurzelte und durch die Fleischwerdung in die Materie eindrang, so ist der Geist in die Wirren der Geschichte eingetaucht. Er hat eine einfache Frau aus dem Volk ausgewählt, Maria aus Nazaret, und seinen Schatten über sie gelegt – ein biblischer Ausdruck, der bedeutet, dass er sein Zelt über ihr aufgeschlagen hat, was wiederum meint, dass er endgültig in ihr wohnen wird. Auf diese Weise hat er sie auf die Ebene des Göttlichen erhoben (Lk 1,35) und das

Weibliche damit für immer vergöttlicht (vgl. Boff, *Der Heilige Geist*).

Es gibt eine alte Überlieferung, die zeigt, dass der Geist den verschiedenen Phasen der Schöpfung innewohnt: »Der Geist schläft im Stein, träumt in der Blume, rührt sich im Tier und erwacht im Menschen.« Jürgen Moltmann, einer der bekanntesten Theologen, der sich mit der Beziehung von Geist und Kosmos beschäftigt hat, schreibt treffend: »Die Gegenwart Gottes durchdringt das ganze Universum. Gott ist nicht nur der Schöpfer der Welt, er ist auch der Geist des Universums. Durch die Kräfte und Möglichkeiten des Geistes wohnt der Schöpfer seinen Geschöpfen ein, belebt sie, erhält sie im Dasein und führt sie in die Zukunft seines Reiches. In diesem Sinne ist die Geschichte des Universums, der Schöpfung, die Geschichte des Wirkens des heiligen Geistes« (vgl. Moltmann, *Gott in der Schöpfung*).

Wenn der Geist alle lebensfeindlichen Formen unterwirft, wird der Traum des Propheten Jesaja Wirklichkeit: »Dann wird die Wüste zum Garten und der Garten wird zu einem Wald. In der Wüste wohnt das Recht, die Gerechtigkeit weilt in den Gärten. Das Werk der Gerechtigkeit wird der Friede sein, der Ertrag der Gerechtigkeit sind Ruhe und Sicherheit für immer« (Jesaja 32,15–17). Lassen wir, in den düsteren Zeiten, in denen wir leben, die tröstlichen Worte der Apokalypse in uns widerhallen: »Der Geist und die

Braut aber sagen: Komm! Wer hört, der rufe: Komm! Wer durstig ist, der komme. Wer will, empfange umsonst das Wasser des Lebens« (Offenbarung 22,17). Komm, Schöpfergeist! Komm und rette uns!

Die Begegnung mit dem Gott ohne Namen

Alle Dinge besitzen eine zweite Seite, die für die Augen unsichtbar ist. Unbestreitbar löst dies in jedem Menschen den Drang aus, aufzudecken, was dort, auf dieser unsichtbaren Seite, verborgen ist. Es gibt die Ansicht, dass das Unsichtbare Teil des Sichtbaren ist. Dass das Sichtbare nicht alles ist und uns nicht die ganze Wirklichkeit zeigt. Diese ist größer und für unsere Sinne nicht fassbar. Hinter der Suche nach einer größeren Wirklichkeit versteckt sich, so scheint es uns, der verborgene, namenlose, vielfach verleugnete Gott.

Der Atheismus wirkt wie ein historisches Phänomen. Er wurde sogar ganzen Völkern auferlegt, etwa in der Sowjetunion, wo man den Marxismus in seiner materialistischen Version einführte. Die moderne, auf materielle Dinge und Konsum ausgerichtete Kultur verwendet häufig den Namen Gottes. Doch in Wirklichkeit gründet sie sich auf den Fetischismus, da sie eigentlich Götzen anbetet: das unbegrenzte Wachstum, ein hohes Bruttosozialprodukt, eine starke Währung und deren selbstständige Vermehrung. Es ist unwürdig, dies Gott zu nennen, denn tatsächlich sind es Götzen.

Die Frage nach der letzten Realität, der radikal menschlichen und auch der wissenschaftlichen, wird jedoch damit nicht hinfällig. Sie taucht in Form des Geheimnisses der Welt und des Universums wieder auf. Hier sei auf die unverdächtige Aussage von Albert Einstein verwiesen: »Das Schönste, was wir erleben können, ist das Geheimnisvolle. Es ist das Grundgefühl, das an der Wiege von wahrer Kunst und Wissenschaft steht. Wer es nicht kennt und sich nicht mehr wundern, nicht mehr staunen kann, der ist sozusagen tot und sein Auge erloschen. Das Erlebnis des Geheimnisvollen – wenn auch mit Furcht gemischt – hat auch die Religion gezeugt. ... In diesem Sinn und nur in diesem gehöre ich zu den tief religiösen Menschen« (vgl. Einstein, *Mein Weltbild*).

Ich möchte an diese Frage aus der Sicht eines Menschen herangehen, der sich schwertut, an Gott zu glauben, und sich sogar zum Atheismus bekennt. Seine Haltung müssen wir respektieren. Nicht selten verstecken sich hinter dem Atheismus tiefgreifende unbeantwortete Fragen nach dem Sinn des Lebens, nach menschlicher Verderbtheit wie etwa dem Holocaust in den Konzentrationslagern der Nazis, in denen Millionen Juden ermordet wurden. Sogar Papst Benedikt XVI. hat bei der Besichtigung des Konzentrationslagers Auschwitz-Birkenau am 28. Mai 2006 düstere, aber richtige Fragen gestellt: »An diesem Ort versagen die Worte, kann eigentlich nur erschüttertes Schweigen stehen – Schweigen, das ein inwendiges Schreien zu Gott ist: Warum hast Du geschwiegen? Warum konntest Du dies alles dulden?« Diese leidvolle Absurdität bietet keine vernünftige Antwort. Wir wagen nur zu sagen, dass wir mit Gott leiden, der ebenfalls mit seinen leidenden Söhnen und Töchtern mitleidet.

Das Fehlen von Antworten auf solche Fragen schafft die empirische Grundlage für einen möglichen Atheismus, aber auch für einen Glauben, der sich der Grenzen der Vernunft bewusst ist. Gott kann, wenngleich er gütiger Vater und gütige Mutter ist, jener sein, den wir nicht hören. Es ist jedoch nicht wichtig, Gott vor das Tribunal der Vernunft zu bringen, sondern sich folgende Frage zu stellen: Was wollen uns jene, die den Glauben an Gott verkünden, im Wesentlichen sagen? Möglicherweise wird ihre Auffassung von vielen geteilt, die sich als Atheisten bezeichnen, aber in ihren ethischen Standpunkten Werten anhängen, die sich bei den Gläubigen hinter dem Namen »Gott« verbergen. Er versteckt sich, macht sich unerkannt, ist aber nicht abwesend (vgl. Boff, *Die Transparenz aller Dinge*).

Doch für einen ausdrücklichen und bewussten Glauben an Gott gibt es eine Vorbedingung: Man muss empfänglich sein für Signale, über die der Gott ohne Namen sich nähern könnte, denn er selbst gibt sich nie als Gott zu erkennen. Die Dichter und Mystiker wissen das. Deshalb lassen wir sie nun zu Wort kommen.

Die Erste ist eine Ureinwohnerin aus dem Stamm der Cherokee, der Zweite ein empörter, aber religiöser italienischer Dichter, David Turoldo, und der Dritte ein Dichter und Philosoph, der dafür bekannt ist, dass er den Tod Gottes angekündigt hat: Friedrich Nietzsche. Lesen wir ihre Zeugnisse.

Ein Mann flüsterte:
Gott, sprich zu mir.
Und eine Wiesenlerche begann zu singen. Doch
der Mann hörte nicht. Wieder bat er:
Gott, sprich zu mir.
Und ein Donner grollte durch den Himmel. Doch
der Mann hörte nicht. Wieder verlangte er:
Gott, gib dich zu erkennen.
Und ein großer Mond schien strahlend hell
am dunklen Himmel. Doch der Mann sah ihn
nicht. Und nervös begann er zu schreien:
Gott, zeige mir ein Wunder.
Und ein Kind ward geboren. Doch der Mann beugte
sich nicht über die Wiege, um über das Wunder des
Lebens zu staunen. Verzweifelt schrie er wieder:
Berühre mich, Gott, und lass mich spüren, dass es
dich gibt.

Und ein Schmetterling ließ sich sanft in seinem Schatten nieder. Doch der Mann fegte ihn verärgert mit der Hand beiseite.
Enttäuscht und unter Tränen setzte er seinen Weg fort. Ziellos wanderte er umher. Ohne weiter zu fragen. Allein und angsterfüllt.«

Gott zeigte sich in kleinen Dingen, die sein Geheimnis versteckten und offenbarten. Doch der Mann bemerkte es nicht. Das Ergebnis ist Einsamkeit und Entfernung von der Wirklichkeit.

Der zweite Text stammt von dem italienischen Dichter David Turoldo (1916–1992), der das Motto hatte: »in der Welt sein, ohne von der Welt zu sein« und der intensive Gespräche mit den Mailänder Intellektuellen führte, von denen viele Atheisten oder Agnostiker waren.

Mein atheistischer Bruder:
Du, der du sehnsüchtig nach einem Gott suchst,
den ich dir nicht geben kann,
lass uns gemeinsam die Wüste durchqueren!
Von Wüste zu Wüste
lassen wir alle Wälder des Glaubens hinter uns,
frei und nackt, in Richtung des bloßen Seins.
Und dort, wo das Wort stirbt,
soll auch unser Weg enden.

Hier wird dazu aufgerufen, alle Dogmen und andere christliche Gewänder zu überwinden und in Richtung einer edlen Stille aufzubrechen. Vielleicht kann von dort ein schöpferisches Licht erscheinen. Das ist »Warten auf Godot« und die Sehnsucht nach dem Unendlichen nähren. Sie wird nicht umsonst sein.

Der dritte Text stammt von einem unverdächtigen Denker, Friedrich Nietzsche (1844–1900), in einem andeutungsreichen Gedicht, das den Titel »Dem unbekannten Gott« trägt.

Noch einmal, eh ich weiterziehe
und meine Blicke vorwärts sende,
heb ich vereinsamt meine Hände
zu dir empor, zu dem ich fliehe,
dem ich in tiefster Herzenstiefe
Altäre feierlich geweiht,
dass allezeit
mich deine Stimme wieder riefe.

Darauf erglüht tief eingeschrieben
das Wort: Dem unbekannten Gotte.
Sein bin ich, ob ich in der Frevler Rotte
auch bis zur Stunde bin geblieben:
Sein bin ich – und fühl die Schlingen,

die mich im Kampf darniederziehn
und, mag ich fliehn,
mich doch zu seinem Dienste zwingen.

Ich will dich kennen, Unbekannter,
du tief in meine Seele Greifender,
mein Leben wie ein Sturm Durchschweifender,
du Unfassbarer, mir Verwandter!
Ich will dich kennen, selbst dir dienen.

Hier bemerken wir ein Wehklagen nach Gott, nach seiner Erkenntnis, nach seiner alles durchdringenden Gegenwart, nach dem Drang, ihm zu dienen. Es ist nicht der heitere Glaube eines Frommen, sondern der eines Verängstigten, der den ihm selbst verwandten Unbekannten sucht.

Abschließend möchte ich ein kleines Gedicht vorstellen, das den Titel trägt: »Leere von der Größe Gottes«. Es wurde anlässlich des Todes eines Freundes vorgetragen, der eine unendliche Sehnsucht nach Gott hatte, obwohl er nicht an ihn glauben konnte:

Ich fühle in mir eine große Leere,
so groß, so groß wie Gott.
Nicht einmal der Amazonas, der Fluss aller Flüsse,
kann sie mit allen seinen Zuflüssen füllen.

Ich versuche, bemühe mich, versuche es wieder,
diese tödliche Wunde zu heilen.
Wer kann es, welches Wunder kann
diese Ader stillen oder sie abbinden?

Kann das Endliche das Unendliche enthalten,
ohne verrückt oder krank zu werden?
Kann es nicht. Deshalb schreie ich.

Gegen dieses Sterben ohne zu sterben.
Das Unendliche implodiert im Endlichen!
Die Leere ist Gott in meinem Sein!

Diese Gedichte entspringen der Aufmerksamkeit gegenüber dem, was im Alltag geschieht, und dem Schrei der Erfahrung angesichts der Leere, die nach Fülle verlangt. Sie offenbaren außerdem, dass die Erfahrung, so schmerzhaft sie auch sein mag, etwas Lohnendes birgt: Wir sind nie allein; eine unaussprechliche Gegenwart begleitet uns. Doch sie ist geheimnisvoll und auch nicht immer spürbar. Wir sind Teil eines Ganzen, das uns von allen Seiten übersteigt. Um zu dieser Erfahrung zu gelangen, aus der das hervorgeht, was wir Gott zu nennen wagen, müssen wir den *esprit de géometrie* überwinden, von dem Blaise Pascal (1623–1662) gesprochen hat: über den Geist hinausgehen, der die Phänomene oberflächlich umfasst, sie berechnet, manipuliert und in das Wissensspiel der instrumentalen analytischen Vernunft sowie in die menschlichen Interessen einbezieht. Dieser berechnende Geist denkt Gott, aber er fühlt Gott nicht.

Wir brauchen die »sensible Intelligenz«, den anderen Geist, den *esprit de finesse*, den Geist des Feingefühls, der Herzlichkeit, der Fürsorge, der Verzauberung und der Verehrung. Dieser Geist der Aufmerksamkeit fühlt Gott in der Tiefe des Herzens. Pascal schreibt: »Es ist das Herz, das Gott fühlt, nicht der Verstand« (*Gedanken*, Fragment 277).

Doch es gibt einen Ort, an dem wir diesen Gott ohne Namen ganz sicher antreffen: dort, wo die Liebe gelebt, wo Gerechtigkeit geübt wird, wo es Mitgefühl mit den Leidenden gibt und Versöhnung praktiziert wird. Wie viele Menschen leugnen Gott und leben genau diese Werte? Hinter diesen Werten versteckt sich der lebendige und wahrhaftige Gott, dort wird er gegenwärtig. Einer der berühmtesten Theologen des 20. Jahrhunderts, der Franzose Henri de Lubac (1896–1991), hat das treffend in Worte gefasst: »Wenn es mir an Liebe und an Gerechtigkeit mangelt, entferne ich mich unweigerlich von Dir, Herr, und meine Religion ist nicht mehr als Idolatrie. Um an Dich zu glauben, muss ich an die Liebe und an die Gerechtigkeit glauben. Es wiegt tausend Mal mehr, an diese Dinge zu glauben, als Deinen Namen auszusprechen. Ohne sie kann ich Dir unmöglich eines Tages begegnen. Jene, die sich von ihnen leiten lassen, sind auf dem Weg, der sie zu Dir bringt, Herr« (*Auf den Wegen Gottes*).

Diesen Kriterien, die den Texten der Evangelien entsprechen, zufolge gibt es viele Katholiken und Protestanten, aber wenige authentische Christen und Verehrer des Gottes der Liebe und der Gerechtigkeit. Häufig haben sie Gott auf den Lippen, besuchen Gottesdienste, sind aber korrupt, stehlen öffentliche Gelder und unterdrücken die Armen. Der Gott, von dem sie sprechen, ist nicht mehr als ein Fetisch, der die Gebete nicht hört und auch nicht zu den Herzen spricht. Auf der anderen Seite: Wie viele Menschen sagen von sich selbst, sie seien Atheisten, jedoch »ethische Atheisten«, und bemühen sich, ihr Leben an solchen Werten auszurichten? Sie dienen Gott unerkannt, ohne sich auf ihn zu beziehen. Doch Gott wohnt im Geheimen in ihren Herzen.

Letztlich empfinden wir, die wir glauben und die wir nicht glauben, eine tiefe Zugehörigkeit zu allem, mit dem wir in Berührung kommen. Wir lassen uns nie vom Weg abbringen. Eine unaussprechliche, geheimnisvolle und liebevolle Gegenwart begleitet uns und stützt das ganze Universum und jedes Ding darin. Ist das nicht der Grund, weshalb wir nicht davon ablassen, Jahrhundert für Jahrhundert nach Gott zu fragen? Ist das nicht der Grund, weshalb er immer in unseren Herzen brennt? Ist es nicht sein Kommen, das des Namenlosen, des Nackten, des Mysteriums, das uns innewohnt?

Wir sind sicher, dass er es ist, wenn wir keine Angst mehr verspüren, sondern mutig für eine minimal menschliche Welt kämpfen, eine gerechte Welt, in der die Liebe und das Zusammenleben aller möglich ist. Das ist die Grundlage für ein einfaches Glück, das den Söhnen und Töchtern von Adam und Eva zuteil wird.

Schlussbetrachtung: Der Gott meiner tiefsten Innerlichkeit

Der Ausdruck *intimior intimo meo,* »innerlicher als mein Innerstes«, ist uns von Augustinus von Hippo (354–430, heute Algerien) überliefert, einem der kühnsten und ängstlichsten Suchenden nach einem immer höheren Gott – *superior sumo meo,* »höher als mein Höchstes«.

Die oben genannten Überlegungen werden uns in die Erfahrung des innerlichen Gottes einführen. Dabei geht es nicht um die Art von Innerlichkeit, wie sie der Moderne und der reinen Subjektivität eigen ist: abgekoppelt von der Welt und vom uns umgebenden Universum.

Die Sicht der neuen ökologischen Wissenschaft gestattet uns nicht mehr, uns als »etwas anderes« zu fühlen, über allem anderen stehend, uns als »Herr und Besitzer« (Descartes) von allem zu betrachten, was in unserer Reichweite ist. Lange haben wir alles von oben, von Gott aus, betrachtet und nicht von unten, von der Erde, wie uns Papst Franziskus gleich zu Beginn seiner Enzyklika in Erinnerung ruft: »Wir vergessen, dass wir selbst Erde sind (vgl. Gen 2,7). Unser eigener Körper ist aus den Elementen des Planeten gebildet; seine Luft ist es, die uns den Atem gibt, und sein Wasser belebt und erquickt uns« (*Laudato si*, 2).

Wir müssen den Ort wechseln: vom Himmlischen zum Kosmischen. Wir sind sozusagen von unten gekommen, durch einen langen Evolutionsprozess gegangen, in dem alle Elemente dazu beigetragen haben, dass wir auf der Erde auftauchten, als sie bereits zu 99,98 Prozent fertig war. Diese Sicht, das sei hier noch einmal gesagt, bringt große Veränderungen mit sich, die auch unsere Spiritualität bestimmen werden.

Zunächst einmal hebt sie uns vom Thron der höheren Wesen, die über und außerhalb der anderen stehen. Wir sind ein Glied in der Kette des Lebens, ein ethisches und spirituelles Glied, aber ein Moment im Geflecht des Lebens.

Zudem müssen wir endgültig den Anthropozentrismus überwinden, demzufolge wir Menschen alle Werte in uns vereinen und sich der Wert der übrigen Geschöpfe nur daran bemisst, wie wir sie uns zunutze machen können – eine große Illusion und Ungerechtigkeit. Jedes Geschöpf hat einen eigenen Wert, hat seinen Platz im Ganzen, teilt seine Botschaft allen mit und lebt mit uns in ein und derselben kosmischen und irdischen Gemeinschaft.

Nicht zuletzt sind die Erde und das Universum unsere Meister und Doktoren, denn sie offenbaren uns das Göttliche. Es zeigt sich im Respekt und der Inbrunst, die wir spüren, wenn wir uns öffnen und mit dem Ganzen in Gemeinschaft kommen. Das erste, noch immer gültige Buch der Offenbarung Gottes ist die Schöpfung. Sie hat uns stets weise Lektionen erteilt und tut das bis heute. Weil wir jedoch die Schrift verlernt haben, die es uns ermöglichte, die dort eingeschriebenen Botschaften zu lesen, hat Gott uns in seiner Güte die heiligen Bücher gegeben, über die jede Kultur verfügt; in unserer Kultur ist es die jüdisch-christliche Bibel, durch die wir wieder lernen, das Buch der Schöpfung zu lesen.

Wir knüpfen nicht mehr nur an die Kategorien Transzendenz und Immanenz an, die der griechischen Philosophie eigen sind, sondern an die der Transparenz aller Dinge für das Göttliche und das Heilige. Wir sind alle ökozentriert und miteinander verbunden. Gott wohnt im Innern unserer tiefsten Innerlichkeit.

Heute sind wir überzeugt, dass es keinen wissenschaftlichen Beweis für die Existenz Gottes gibt – Gott gehört nicht zur Ordnung derer, die sich darstellen lassen. Und doch existiert er, mit den Größen der neuen kosmologischen Wissenschaft gesprochen: ein wissenschaftlicher Stützpunkt für die von den Religionen entworfenen Weltbilder, die auf die Vorstellung der »schwangeren Leere« verweisen, der unsagbare, geheimnisvolle Charakter der Grundenergie und der

Ursprungsquelle allen Seins. In diese Richtung muss die persönliche Gotteserfahrung gedacht werden.

Diese ursprüngliche Erfahrung ergibt sich aus unserer eigenen Existenz. Es gibt keinerlei Grund dafür, dass wir existieren und hier sind. Und doch sind wir hier, um der bloßen Existenz willen. Diese Tatsache hat etwas Mysteriöses. Wer hat uns hierher gebracht? Auch wenn wir das Ergebnis eines mühevollen kosmischen Vorgangs sind, ist da jemand, der uns haben wollte, der uns geliebt und uns eine Wiege bereitet hat, mit allem, was wir zum Leben brauchen.

Wir können den Ausdruck verwenden, mit dem Jesus seine Gotteserfahrung übermittelte, indem er Gott *Abba*, »geliebter Papa«, nannte. Das ist ein kindlicher Name für Väter oder Großväter, der aber von einer tiefen Nähe zum Schöpfer der Existenz zeugt: ein Gott, Vater und Mutter von unendlicher Güte und Zärtlichkeit. Ja, Gott, der Namenlose, erhält hier einen Namen, in dem sich unsere Liebe ausdrückt. Und Tag für Tag fühlen wir uns durch seine Hand beschützt.

Wir existieren nicht nur. Wir fühlen uns voll von Energie und Kraft, wodurch das Leben wohltuend und angenehm wird. Gott ist der Lebensspender, der, der sich als »Freund des Lebens« (Weisheit 11,26) gezeigt hat. Von ihm erhalten wir das Leben in seiner Fülle und alle Energien, die es lebendig machen.

Der Anthropologe Thomas Berry (1914–2009), der jahrelang mit dem Kosmologen Brian Swimme zusammengearbeitet hat, war der Ansicht, dass wir Menschen spüren, dass wir dieselbe Energie in uns tragen, die die Erde hervorgebracht, die Galaxien in den zerschmetterten Raum geschleudert, zur Entstehung der Sonne geführt und die Erde in ihre Umlaufbahn gebracht hat. Diese Energie hat eine besondere Form des Lebens erschaffen, nämlich das menschliche Bewusstsein. Also ist der Mensch jene Realität, durch die die gesamte Erde das reflexive Bewusstsein erlangt hat. Daher sieht er uns selbst als eine mystische Qualität der Erde, als das Prinzip, das verschiedene Pole eint und integriert: das Materielle und das Spirituelle, das Physische und das Psychische, das Natürliche und das Künstliche, das Intuitive und das Wissenschaftliche. Er schreibt: »Wir sind eingetaucht in einen Ozean von Energie, der unsere Vorstellungskraft übersteigt. Letztlich gehört uns diese Energie jedoch nicht, weil wir sie vereinnahmen und beherrschen, sondern weil wir sie erflehen« (vgl. *Das Wilde und das Heilige: The Great Work – Unser Weg in die Zukunft*).

Wenn also alles Energie ist, sind wir ganz besonders erfüllt von vitaler, spiritueller, kosmischer Energie. Durch uns werden die Erde und das Universum sich selbst bewusst und beziehen sich auf ihre Art ebenfalls auf die heilige Quelle aller Energie. Diese Energie, die uns lebendig macht, ist ein anderer Name für Gott und alle seine übrigen Bezeichnungen.

Die Feststellung, dass wir im Wesentlichen aus kondensierter Energie bestehen, verweist uns auf eine von der griechischen Tradition herausgearbeitete Erfahrung, die uns ebenfalls vertraut ist. Es ist das Wort »Enthusiasmus«. Aus philologischer Sicht ist es ein Kompositum aus *en, theó, mos*. Es bedeutet »einen Gott in sich haben«, den »inneren Gott« fühlen. Nun ist die Erfahrung von Enthusiasmus ganz alltäglich für uns. Er lässt uns für eine Familie sorgen, auf Söhne und Töchter achten, eine Arbeit wählen, Verantwortung übernehmen. Der Enthusiasmus erlaubt dem Dichter, seiner Inspiration Form zu geben, bringt den Künstler dazu, sein Werk zu komponieren. Der Enthusiasmus lässt uns vor Herausforderungen nicht zurückschrecken und unser Leben riskieren. Er lässt den Arbeiter früh aufstehen und durch seine Arbeit all das erwerben, was er und seine Familie brauchen. Diese Energie, die wir nicht kontrollieren können, sondern die sich unserer bemächtigt, ist die aktive Gegenwart des inneren Gottes. Indem wir Enthusiasmus pflegen und uns von den Widrigkeiten des Lebens nicht schwächen lassen, halten wir die Gegenwart Gottes lebendig.

Gott offenbart sich in uns auf unterschiedlichste Weise. Sehen wir uns eine dieser Erfahrungen näher an. Wir sind Geschöpfe des Wunsches, gemacht aus Träumen und bewohnt von Utopien. Wir sind Geschöpfe der Hoffnung, die sich der Zukunft zuwenden, die es zu erbauen gilt. Der marxistisch geprägte Philosoph Ernst Bloch (1885–1977) hat klar erkannt, dass die Hoffnung mehr ist als eine Tugend. Sie ist ein Prinzip, das heißt eine Quelle, die stetig neue Taten und Haltungen hervorbringt, eine innere Energie, die uns kontinuierlich das Leben mit seinen Projekten vorantreiben, und, wenn wir hingefallen sind, wiederaufstehen und neu anfangen lässt.

Das Prinzip Hoffnung ist Quelle von Utopien. Diese sind nicht hohl. Sie gehören zur potenziellen, virtuellen Seite der Wirklichkeit. Utopien sind es, die dem Leben Sinn geben und uns auf einen sich ständig weitenden Horizont zugehen lassen. Ohne Utopie versinkt eine Gesellschaft im Sumpf korporativer, niederer Interessen. Die Utopie setzt ständig beachtliche Energien frei, die unsere Ideale stützen, uns unseren Weg weitergehen und uns Taten vollbringen lassen, die wir uns vielleicht nicht einmal zu denken gewagt hätten. Die Struktur des Wunsches entwirft stets eine Zukunft. Wir verstehen Gott als die absolute Zukunft, jene Große Anziehung, den Punkt Omega, auf den wir unwiderruflich zugehen. Indem wir uns dieser Hoffnung hingeben und das Prinzip Hoffnung fortwährend beleben, spüren wir Gottes Gegenwart in unserem Leben und jeder noch so alltäglichen Handlung.

Betrachten wir eine weitere mögliche Erfahrung des inneren Gottes: Wenn alles im Universum Beziehung ist und der christliche Gott selbst sich als verbindendes Wesen zwischen drei göttlichen Personen darstellt – Vater, Sohn und Heiliger Geist –, ist es nur natürlich, dass der Mensch, »Bild und Ebenbild Gottes«, als Beziehungswesen erscheint.

Karl Marx (1818–1883) schrieb 1845 seine berühmten elf Thesen über Feuerbach, die erst 1888 von Engels veröffentlicht wurden. In der sechsten These stellt Marx eine wahre, aber verkürzte Behauptung auf: »Das menschliche Wesen ist das Ensemble der gesellschaftlichen Verhältnisse.« In der Tat ist das Wesen des Menschen nicht ohne die sozialen Beziehungen vorstellbar. Aber es ist viel mehr als das, denn es resultiert aus der Gesamtheit aller seiner Beziehungen und entwickelt sich in alle Richtungen.

Ohne das menschliche Wesen definieren zu wollen, kann man sagen: Es erscheint, ähnlich wie die Dreifaltigkeit, wie ein Beziehungsknoten zu sein, der sich in alle Richtungen wendet, nach unten, nach oben, nach innen, nach außen; wie ein Wurzelstock, jene Knolle, deren Triebe sich in alle Richtungen ausbreiten. Der Mensch entwickelt sich in dem Maß, wie er dieses Beziehungsgeflecht aktiviert, nicht nur die sozialen Beziehungen, sondern alle, insbesondere jene, die dem Unendlichen zugewandt sind. Anders gesagt: Der Mensch zeichnet sich dadurch aus, dass er ein offenes

System ist, eine »unbegrenzte Öffnung«: zu sich selbst, zur Welt, zu den anderen, zu der Gesamtheit und zur höchsten Realität.

Er spürt in sich einen unendlichen Herzschlag, wenngleich er nur auf endliche Dinge trifft. Daher rührt auch seine permanente Unvollständigkeit und Unzufriedenheit. Es handelt sich dabei nicht um ein psychologisches Problem, das ein Psychoanalytiker oder ein Psychiater behandeln könnte. Es ist sein kennzeichnendes, ontologisches Merkmal, kein Defekt. Er erscheint als unvollendetes Projekt, ein Projekt aus Beziehungen, und darin gleicht er dem Beziehungswesen des Universums und der Dreifaltigkeit. Sich als Beziehungswesen zu fühlen, so umfassende Beziehungen wie möglich zu unterhalten, bedeutet, die höchste Beziehungsmatrix zu erfahren, die wir Gott und Gott-Trinität nennen. Als soziale Wesen, die in Beziehungen aller Ordnung eingebunden sind, können wir die unaussprechliche Gegenwart des Gottes der Beziehungen, der Liebe und der Gemeinschaft spüren.

Dieses Kapitel könnte kein Ende finden ohne einen besonderes Hinweis auf den Schutzpatron der Ökologie, Franziskus von Assisi (1182–1226), und seine kosmische Gotteserfahrung inmitten von Geschöpfen und in Übereinstimmung mit dem ganzen Universum (»Bruder Sonne, Schwester Mond« etc.). Papst Franziskus bezeichnet ihn in seinem

Text zur integralen Ökologie als »das Beispiel schlechthin für die Achtsamkeit gegenüber dem Schwachen und für eine froh und authentisch gelebte ganzheitliche Ökologie ... Er liebte die Fröhlichkeit und war wegen seines Frohsinns, seiner großzügigen Hingabe und seines weiten Herzens beliebt« (*Laudato si*, 10). Die biografischen Texte aus der Zeit, in der Franziskus lebte (heiliger Bonaventura, Thomas von Celano und die Legende von Perugia) erzählen, »wie er allen Geschöpfen – so klein sie auch zu sein schienen – den lieblichen Namen Brüder und Schwestern gab« (Bonaventura, *Legenda Maior* VIII,6).

In seinem berühmten »Sonnengesang«, in dem er alle Geschöpfe lobpreist, insbesondere den Herrn und Bruder Sonne und die Schwester und Mutter Erde, hat er die äußere Ökologie mit der inneren Ökologie in einer Synthese vereint. Er schloss einen Bund zwischen den tiefsten Wurzeln der Erde und den fernsten Sternen, die so zu Zeugen der Schönheit und Demut Gottes wurden, der wiederum selbst zu Krippe, geweihtem Brot und geweihtem Wein wurde. Er hat uns ein Erbe hinterlassen, das in unserer heutigen Zeit von großer Aktualität ist, wie Papst Franziskus betont hat, nämlich, »in unserer Beziehung zur Welt (...) die Sprache der Brüderlichkeit und der Schönheit (zu) sprechen ... Die Armut und die Einfachheit des heiligen Franziskus war keine bloß äußerliche Askese, sondern etwas viel Radikaleres:

ein Verzicht darauf, die Wirklichkeit in einen bloßen Gebrauchsgegenstand und ein Objekt der Herrschaft zu verwandeln« (*Laudato si*,11). Er lebte mit allen Dingen in einer universellen Brüderlichkeit. Dazu passen die klugen Worte des berühmten englischen Historikers Arnold Toynbee (1889–1975) aus seinem letzten Interview vor seinem Tod: »Um die Biosphäre für die nächsten zwei Millionen Jahre bewohnbar zu halten, müssen wir beginnen, dem Beispiel des heiligen Franziskus zu folgen, dem besten aller Menschen, die je im Okzident gelebt haben. Dem Beispiel, das der heilige Franziskus uns hinterlassen hat, müssen wir mit dem Herzen folgen, denn nur so können wir die Erde retten« (*Jornal* ABC).

In der Tat hat der heilige Franziskus uns gezeigt, dass wir nicht der Satan der Erde sein müssen, sondern der gute Engel, der alle Geschöpfe beschützt, weil er sie als Brüder und Schwestern im gemeinsamen Haus des gütigen Vaters und der gütigen Mutter betrachtet. Diese zärtliche, brüderliche Haltung kann uns tatsächlich retten.

Literatur

S. 87, 108: *Stephen Hawking,* Die illustrierte kurze Geschichte der Zeit, Reinbek 1997, S. 160, 163.

S. 88: *Francis Collins,* Gott und die Gene. Ein Naturwissenschaftler entschlüsselt die Sprache Gottes, Freiburg im Breisgau 2012, S. 55.

S. 92, 123, 129, 143f, 151ff: *Papst Franziskus,* Enzyklika »Laudato si – Über die Sorge für das Gemeinsame Haus«.

S. 92: *Leonardo Boff,* Überlebenswichtig. Warum wir einen Kurswechsel zu echter Nachhaltigkeit brauchen, Ostfildern 2016.

S. 95: *Freeman Dyson,* Innenansichten: Erinnerungen an die Zukunft, 1981, Übersetzung SP.

S. 96, 102: *Leonardo Boff/Mark Hathaway,* Befreite Schöpfung: Kosmologie – Ökologie – Spiritualität, Kevelaer 2016.

S. 98: *Hans Jonas,* Das Prinzip Verantwortung, Reinbek 1984, S. 36.

S. 98: *Leonardo Boff,* Achtsamkeit. Von der Notwendigkeit, unsere Haltung zu ändern, München 2013.

S. 99: *Thomas Berry,* The Dream of the Earth, Washington 2006, Übersetzung: Sarah Pasquay.

S. 105: *Hans Küng,* Der Anfang aller Dinge. Naturwissenschaft und Religion, München 2005.

S. 105: *Albert Einstein,* Mein Weltbild, Berlin 2005, S. 11

S. 107: *Frank White,* Der Overview Effekt, München 1993, Übersetzung: Sarah Pasquay.

S. 108f: *David Bohm,* in: Renée Weber, Wissenschaftler und Weise. Gespräche über die Einheit des Seins, Grafing 1996, Übersetzung: Sarah Pasquay.

S. 109: *Jean Guitton (u. a.),* Gott und die Wissenschaft, München 1998, Übersetzung: Sarah Pasquay.

S. 113, *Michel Maffesoli,* Éloge de la raison sensible, Paris 1996.

S. 113: *Leonardo Boff,* Herzenssache. Warum uns die Vernunft allein nicht weierbringt, Kevelear 2016.

S. 116: *Eberhard Jüngel,* Gott als Geheimnis der Welt, 8. Aufl., Frankfurt a. M. 2010.

S. 125: *Teilhard de Chardin,* Über den Christus Universalis, in: Wissenschaft und Christus, Bd. IX 1970.

S. 125: *Leonardo Boff,* In ihm hat alles Bestand. Der kosmische Christus und die modernen Naturwissenschaften, Kevelaer 2013, Übersetzung: Sarah Pasquay.

S. 126: *Dietrich Koller/Andreas Ebert,* Verborgene Jesusworte, Münsterschwarzach 2013.

S. 126f: *Leonardo Boff,* Schrei der Erde, Schrei der Armen, Düsseldorf 2002, Übersetzung: Sarah Pasquay.

S. 130: *Leonardo Boff,* Der Heilige Geist, Feuer Gottes – Lebensquell – Vater der Armen, Freiburg i. B. 2014.

S. 130: *Jürgen Moltmann,* Gott in der Schöpfung: Ökologische Schöpfungslehre, Gütersloh 1987, S. 28.

S. 133: *Albert Einstein,* Mein Weltbild, Berlin 2005, S. 10.

S. 134: *Leonardo Boff,* Die Transparenz aller Dinge: Gott erfahren, Ostfildern 2004.

S. 135f: »Ein Mann flüsterte«: Jornal do Brasil Ecológico, Juni 2002,Übersetzung: Sarah Pasquay.

S. 136f: *David Turoldo,* Canti Ultimi, Mailand 1991, S. 205, Übersetzung: Sarah Pasquay.

S: 140f: *Henri de Lubac,* Auf den Wegen Gottes, Freiburg 1992, Übersetzung: Sarah Pasquay.

S. 147: *Thomas Berry,* Das Wilde und das Heilige: The Great Work – Unser Weg in die Zukunft, Uhlstädt-Kirchhasel 2011, Übersetzung: Sarah Pasquay.

S. 153: *Arnold Toynbee,* Interview, Jornal ABC Madrid 19/12/192, S. 11.

ANSELM GRÜN
Ich war fremd und ihr habt mich aufgenommen
Vom Umgang mit der Angst vor dem Anderen
Vier-Türme-Verlag

Angst vor dem Fremden?

Anselm Grün

Ich war fremd und ihr habt mich aufgenommen

Vom Umgang mit der Angst vor dem Anderen

155 Seiten, gebunden mit Schutzumschlag, 14,5 x 22,0 cm
ISBN 978-3-7365-0070-9

Gerade in Zeiten von Flüchtlingsströmen und vermehrter Hinwendung zu vermeintlichem Patriotismus stellen sich viele Menschen die Fragen: Was macht das Fremde mit uns? Wie viel Verschiedenheit halten wir aus? Wie viele Fremde kann eine Gesellschaft verkraften?

Anselm Grün betrachtet das Anderssein sowohl aus den Blickwinkeln der Geschichte und der Psychologie als auch des Glaubens. Er zeigt uns, dass ein Fremder uns auch einen Spiegel vorhält, der uns zeigt, dass auch wir unbekannte Seiten haben.

Anselm Grün möchte uns helfen, die Angst vor dem Unbekannten zu verlieren, mit Fremden angemessen umzugehen und christliche Werte wie Gastfreundschaft und Nächstenliebe zu leben.